기록목적의 관점에서 본
창세기

기록목적의 관점에서 본 창세기

초판 1쇄 인쇄 | 2016년 1월 25일
초판 1쇄 발행 | 2016년 1월 30일

지은이 | 김들풀
펴낸이 | 정성준
펴낸곳 | 도서출판 목양

등록 | 2008년 3월 27일 제 2008호-04호
주소 | 경기도 용인시 처인구 양지면 양지리 38-2
전화 | 070-7561-5247
팩스 | 0505-009-9585
Homepage | www.mokyangbook.com
E-mail | mokyang-book@hanmail.net

ISBN 979-11-86018-29-3 (03230)

기록목적의 관점에서 본

창세기

김들풀 지음

도서출판 목양

비주류의 비주류로서의 삶을 살아왔던 사람이, 신앙의 방황의 시기를 끝내고 신대원입시를 준비하며 성경을 읽을 때 성경이 나에게 충격을 준 한 말씀이 있었습니다. 그 말씀은 "이 땅에 무섭고 놀라운 일이 있도다. 선지자들은 거짓을 예언하며 제사장들은 자기 권력으로 다스리며 내 백성은 그것을 좋게 여기니 마지막에는 너희가 어찌하려느냐?"는 예레미야서 5장30-31절의 말씀이었습니다. 그런데 신학대학원 입학 후 이 말씀을 잊어버렸고, 직업적인 사역자로 살아왔습니다.

AC국에서 사역을 하면서 다시 이 말씀과 "내가 증언하노니 그들이 하나님께 열심이 있으나 올바른 지식을 따른 것이 아니니라."는 로마서 10장2절의 말씀이 나의 사역과 성경관과 신앙관을 다시 점검해 보게 했습니다.

그리고 사역을 하면서 BCMS형제자매들로부터 받은 질문은 성경 말씀을 어떤 관점에서 읽고 연구해야 왜곡하지 않고 정확하게 알 수 있을까를 고민하게 했고, 그런 고민 가운데 하나님께서 기록자를 통해서 제1독자에게 하신 말씀을 찾게 하는 작업을 하게 해주셨습니다. 이런 고민과 작업의 결과로 거시적 관점인 기록목적의 관점에서 성경을 보고자하는 작업이 시작되었고 이 책은 그 작업의 작은 결과물입니다.

앞으로도 이런 관점에서의 고민은 계속되어야 할 것이고, 모든 그리스도인들이 함께 해야 할 고민인 것 같습니다. 앞으로 함께 고민하기를 원합니다.

감사의 글

항상 나의 생각을 주장해 주시고 고민할 수 있는 능력을 주신 하나님께 감사드립니다.

이 책이 나오기까지 저의 사역을 위해 기도해 주시고 도움을 주신 많은 분들께 감사를 드립니다. 특히 AC국 BCMS형제자매들과 AC국에서 함께 창세기를 공부했던 여러 형제님께 감사드립니다. 또 졸고를 편집해 주시고 책의 출판에 도움을 주신 도서출판 목양의 정인수 집사님께도 깊은 감사드립니다.

2016년 1월

김 들 풀

이 책을 사랑하는 나의 어머니 김금식 권사와
나의 영원한 동역자 김은경자매
그리고 존경하는 후원자들에게 바칩니다.

목차

"내가 증언하노니 그들이 하나님께 열심이 있으나
올바른 지식을 따른 것이 아니니라."

로마서 10장 2절

I. 들어가면서

'창세기' 라는 말을 들으면 제일 먼저 무엇이 생각나십니까? 보편적으로 '창세기' 라는 말을 듣는 순간 "태초에 하나님께서 천지를 창조하시니라."(창1:1)라는 말씀이 떠오릅니다. 그리스도인들이 성경통독을 해야겠다고 결심하고 처음 펼치는 곳이 창세기입니다. 이처럼 그리스도인들에게 창세기는 친숙한 책이고, 많은 그리스도인들은 '창세기' 의 대략적인 내용을 알고 있습니다. '창세기' 에 대해서 익숙한 책이라고 생각해서인지 "창세기에 왜 이런 내용들이 기록되어 있지?"라는 질문을 던지는 데는 상당히 인색하고, '창세기' 에 대해서 깊이 고민하지 않는 경향이 강합니다. 그래서 이 책을 통해서 창세기에 대해서 함께 깊이 있는 고민을 함께 해보기를 원합니다.

I-1. 책의 이름이 주는 선입견

창세기는 물론 창조에 관한 내용을 포함하고는 있지만 책의 대부분의 내용은 창조와 직접적으로 관계없는 내용입니다. 창조의 기사가 차지하는 비중은 총50장 중 약4% 정도인 2장에 불과합니다.

'창세기' 라는 이름이 붙은 경위를 잠시 살펴보도록 하겠습니다. 성경의 첫번째 책인 '창세기' 의 히브리 명칭은 'בְּרֵאשִׁית(빼레쉬트, 태초)' 입니다. 이는 책의 첫 단어를 책의 제목으로 사용하는 히브리인들의 전통에 의한 것입니다. 70인경은 '창세기' 에 자주 등장하는 '세대. 자손' 의 뜻을 가진 תֹּלְדֹה(톨레도) 또는 또는 תֹּלֵדָה(톨레다)를 '기원. 근원. 원천' 의 뜻을 가진 그리스어 Geneseos으로 번역하여 책의 이름을 'Geneseos' 라 하였고 영어성경은 70인경의 영향으로 Genesis라 이름하습니다. 중국어 성경은 이를 '창세기' 라 번역하였고 한국어 성경은 중국어 성경의 영향을 받아 창세기란 이름을 사용하고 있습니다.

책의 제목이 '창세기' 이다 보니 마치 내용 전체가 천지 창조(기원)에 관한 이야기인 것 같은 느낌을 받을 때가 많습니다 그래서 '창세기' 라는 이름의 관점으로 봐서 세상의 기원, 인간의 기원, 죄의 기원, 민족의 기원, 이스라엘 민족의 기원등에 관한 책이라는 가르쳐 왔고 그렇게 배워 오기도 했습니다. 물론 창세기에 창조와 기원에 관한 내용이 있지만, 모세는 출애굽을 해야 하는 그 긴박한 상황 혹은 출애굽해서 엄청 바쁜 시간에 기원에 대해서 설명하고자 창세기를 기록하지 않았을 것입니다. 책의 이름이 주는 선입견은 창세기를 읽고 공부하는 내내 우리의 사고를 제한하고 있습니다.

역사를 기록하는 데는 몇 가지 방법이 있습니다. 사람 중심, 혹은 사건 중심으로 기록하는 방법도 있고 연대순으로 일어난 사건들을 기술(記術)하는 방법도 있습니다. 창세기는 사람을 중심으로 일어난 사건들을 기술하고 있는 일종의 혼합형 기술입니다. 그래서 족보가 많이 나옵니다. 그러나 창세기는 족보가 아니라 인물을 중심으로 그 인물과 하나님 사이의 언약(사건)을 중심으로 전개되고 있는 이야기를 기록하고 있습니다.

I-2. 관점의 중요성

어떤 관점에서 사물을 보느냐에 따라 사물의 모양이 완전히 달라지고, 또 어떤 관점에서 사건을 해석하느냐에 따라서 해석이 완전히 달라지기 때문에, 어떤 관점(觀點)을 가지는가의 문제는 아주 중요합니다. 사건이나 사물을 정확하게 이해하기 위해서 객관적이고 입체적인 관점을 가지고 바라보고자 하는 노력이 필요합니다.

성경읽기와 연구는 일종의 해석학적 작업입니다. 성경을 읽고 연구할 때 해석을 하지 않고 바로 바로 이해가 된다면 얼마나 좋겠습니까? 그러나 성경은 멀리는 3500여 년 전 가깝게는 1900여 년 전 다양한 문화권에서, 다양한 문학형식으로 기록된 책입니다. 해석이 필요 없는 부분도 있지만, 해석이 필요한 부분이 많습니다. 정확한 해석을 위한 정확한 관점을 가지는 것은 필수입니다.

하나님의 말씀인 성경은 해석자의 자의적(自意的) 관점에 따라 해석이 달라질 수 있는 문제가 아닙니다. 그런데 실상은 그렇지가 못합니다. 많은 신학자들이 해석의 작업을 하지만, 신학자 각자의 관점에 따라 다양한 해석이 나왔습니다. 다양한 해석은 다양한 결과를 가져왔습니다. 교회사는 이러한 성경해석 논쟁의 역사라고 해도 과언이 아닐 것입니다. 아리우스(Arius) 논쟁[1], 펠라기우스(Pelagius) 논쟁[2], 종교개혁, 종교 개혁이후 알미니안(Arminius) 논쟁[3] 등등 이 모든 것이 성경을 어떤 관점에서 바라보고 해석하느냐? 는 논쟁이었습니다.

웨스트민스터 소요리 문답 제1번은 "사람의 제일 되는

---

1) 그리스도는 무로부터 창조된 피조물이라고 주장. 325년 니케아 회의에서 이단으로 정죄됨.

2) 아담의 죄는 자신에게만 국한되고 인류에게는 무관하다고 주장. 431년 에베소 회의에서 이단으로 정죄됨.

3) 영적 선을 행할 의지의 자유가 있고 중생에서 하나님의 단독사역을 부정하고 신인협력적 중생을 주장. 1619년 네델란드 돌트(Dort)회의에서 이단으로 정죄됨

목적"에 관한 것이고, 그 답은 "하나님을 영화롭게 하는 것과 영원토록 그를 즐거워하는 것"입니다. 이처럼 사람의 제일 되는 목적이 하나님의 영광 곧 하나님 중심이듯이 성경해석도 인간의 필요를 채우기위한 아전인수(我田引水)격의 인간 중심의 해석이 아닌 하나님 중심, 하나님의 영광이라는 관점에서 해석되어야 합니다. 그리고 종교개혁의 성경해석 원리인 문법적 문자적 성경해석을 해야 합니다.

많은 성경 신학자들이 성경의 정확한 뜻을 파악하여 성도들의 해석을 돕기 위해 노력을 해왔습니다. 필자 또한 그들의 많은 도움을 받았습니다. 이 책 또한 독자들의 정확한 성경 해석을 돕기 위한 하나의 작은 부분에 불과합니다.

성경을 어떤 관점에서 읽고 연구하는 것이 가장 정확한 방법일까요? 하나님께서 성경의 기자들을 통해 제1독자들에게 전달하셨던 뜻을 성경 본문을 통해 정확하게 파악해야 합니다. 기록자는 제1독자에게 "A"를 말했는데, 제2독자가 "B"라고 이해를 했다면 올바른 이해일까요? 잘못된 이해입니다. "B"라고 잘못된 이해를 통해서 은혜를 받았다면, 그 은혜가 과연 하나님께서 주시는 올바른 은혜일까요? 잘못 이해된 "B"가 주는 은혜는 하나님께서 주시는 참된 은혜가 아니라 거짓된 은혜일 가능성이 아주 큽니다.

모든 그리스도인들은 하나님께서 기록자를 통해서 제1독자에게 말씀하신 뜻을 찾는 작업을 해야 하고, 작업의 결과물을 나의 삶과 신앙에 적용해야 합니다. 이 신학적 작업이 쉽지 않지만, 모든 그리스도인에게 주어진 과제입니다. R.C. 스프룰은 그의 저서 "기독교의 핵심진리 102가지" 1997년판 서문에서 "모든 그리스도인은 신학자이다. 우리는 언제나 하나님에 대해 배우는 활동에 종사하고 있다. 우리 모두가 전문적인 또는 이론적인 의미에서 신학자는 아니지만,…좋든 나쁘던 간에 우리는 신학자들이다."라고 하고 있습니다.

우리가 신앙생활을 하면서 무의식적으로 드려지는 예배의 예전과 사용되는 단어들, 생각없이 부르는 찬송가의 가

사들, 본 뜻이 왜곡된 채 습관적으로 인용하는 성경 구절들, 당연하다고 생각하는 전통적인 관념들 등등 이 모든 것이 하나님의 말씀에 정확하게 부합하는지를 항상 고민해야 할 것입니다. 이런 작업은 하나님 나라에 가는 그 순간까지 지속되어야 합니다.

성경의 역사는 기본적으로 창세기3장15절의 여자의 후손 언약이 성취되어 가는 구속사입니다. 그런데 성경이 기록되지 않았다면 '구속사' 가 없었을까요? 하나님께서 이스라엘 백성에게 '구속사' 를 설명해 주시기 위해 창세기를 기록하게 하셨을까요? 필자는 '아니다' 라고 생각합니다. '창세기' 를 비롯한 구약의 모든 성경은 구속사의 진행 곧 창세기3장15절이 성취되어 가는 과정을 기록하고 있지만 이 구속사만을 설명하고 서술하기 위해서 기록된 책이 아니라, 나름대로의 목적을 가지고 기록된 책입니다.

이러한 연유로 그 성경이 기록된 기록 목적의 관점에서 성경을 읽고 공부해야 합니다. 그럴 때만이 하나님께서 성경의 기록자를 통해서 제1독자들에게 하셨던 정확한 하나님의 말씀(뜻)을 파악할 수 있습니다. 지나친 구속사적 관점으로 성경을 연구할 때 우리는 성경을 통해서 그 언약에 신실하신 하나님께서 우리에게 들려주시는 그분의 정확한 뜻을 만날 수 없게 될 수도 있습니다.

해방이후 한국은 언어적, 사회적, 학문적 방면등 모든 방면에서 미국의 영향을 많이 받았습니다. 한국교회가 미국교회의 영향을 받은 것은 이보다 더 일찍입니다. 1885년 이후 한국교회는 많은 부분에서 미국교회의 영향을 받았습니다. 가장 비근한 예로 신학교의 교육방법과 교육과정 등입니다. 지금도 그 영향은 지속되어 한국의 많은 신학자들이 미국에 가서 공부를 하고 돌아왔습니다. 그리고 그들에 의해서 미국적 신학이 여과 없이 한국교회에 소개되고 있습니다. 그리고 성경 연구의 방법에 있어서도 분석적(分析的)이고 미시적(微視的)인 성경연구 방법을 한국교회에 뿌리 내리게 했습니다. 이러한 성경연구 방법은 사람의 얼굴을 그릴 때 얼굴의 전체 윤곽을 먼저 잡지 않고 눈이나 코부터 그리는 것과 같습니다. 이런 방법으로는 그림을 완성하기도 어렵고 그림을 완성하더라도 실물과 다른 그림을 그리게 될 개연성이 농후합니다. 설령 제대로 된 그림을 완성했다고 하더라도 완성하기까지 굉장히 힘든 과정을 거치는 것과 같은 원리입니다. 우리는 이러한 성경 연구에 아주 익숙해져 있습니다. 그래서 성경을 공부하면 할수록 더 어려워지는 것을 발견할 수 있습니다. 분석적이고 미시적인 성경 연구는 성경의 원저자이신 하나님께서 기록자를 통해서 제1독자에게 전달했던 교훈이나 의도를 제대로 파악하지 못할 가능성이 아주 농후합니다.

필자가 신학대학원 2학년 때 "모세 오경"이라는 수업이 있었습니다. 한 학기 동안 창세기를 배우면서 1장을 넘어가지 못했습니다. 1장에 나오는 '날' 히브리어로 'יוֹם 욤'이 24시간의 하루인지 아니면 한 세대(백악기, 쥐라기 등등)인지를 가지고 몇 시간을 논쟁했습니다. 그러면 창세기의 기록자는 '날'을 어떻게 생각했을까요? 처음 창세기를 읽었던 제1독자들은 이런 문제를 가지고 고민하고 논쟁했을까요? 그러지는 않았을 것입니다.

사도 바울은 로마서 10장2절에서 "내가 증언하노니 그들(이스라엘의 종교인들)이 하나님께 열심이 있으나 올바른 지식을 따른 것이 아니니라."고 말씀하시고 계십니다.

우리는 올바른 성경 말씀에 근거해서 하나님의 뜻을 알아야 하고 또 성경에 근거한 올바른 지식에 근거해서 하나님을 섬기고 예배해야 합니다. 왜곡된 말씀이 주는 은혜와 위로는 하나님께서 주시는 것이라 할 수 없으며, 왜곡된 말씀을 통해서 부여 받은 그리스도인의 삶의 정당성은 절대 하나님께서 부여해 주신 것이 아닙니다. 말씀을 왜곡하여 예수님을 시험했던 사탄은 동일한 방법으로 현대의 그리스도인들을 유혹하고 있습니다.

하나님께서는 종교개혁자들의 희생과 수고를 통해서 하나님의 백성들의 손에 하나님의 말씀인 성경을 들려주셨습니다. 하나님의 백성인 우리는 우리 손에 들려진 성경 말씀을 통해서 하나님의 정확한 뜻을 찾고, 그 뜻을 통해 하나님께서 우리에게 주시는 풍성한 은혜를 누려야 합니다.

이 책은 먼저 기록 목적이라는 거시적 관점을 중심으로

창세기를 바라보고자 노력했습니다. 하나님께서 창세기 전체를 통해서 제1독자인 이스라엘 백성들에게 무엇을 전달하셨는지를 파악하고 또 창세기3장15절이 성취되어 가는 구속사의 관점도 함께 살펴보고자 합니다.

I-3 창세기는 누가, 어디서, 왜 기록했을까?

창세기를 누가 기록했을까? 창세기는 어디서 기록되었을까? 창세기는 이것에 대해서 침묵하고 있습니다. 그런데 우리는 창세기를 포함한 5권의 책을 모세오경이라 하여 모세의 저작이라고 믿고 있습니다. 필자도 아주 철저히 믿고 있습니다. 그런데 유대인들의 전승 외에는 성경 어디에도 창세기를 모세가 기록했다는 기록이 없습니다. 기록자가 누구인가?의 문제를 해결하기 위해서 우선 창세기를 어디서? 왜? 기록되었는지의 문제를 해결해야 합니다. 왜냐하면 기록 장소에 따라서 독자들의 상황이 달라지고, 달라진 상황에 따라 기록 목적이 달라지기 때문입니다.

1) 어디서 기록되었을까?

창세기의 기록 장소를 시내산 혹은 최소한 출애굽 이후라고 배워왔습니다. 필자 역시 그렇게 배워왔습니다. 그리고 그런 것에 전혀 의문을 제기하지 않고 "그렇구나!"라는 좋은 믿음으로 받아들였습니다. 그러면 창세기의 제1독자는 출애굽 한 이스라엘 백성들이 됩니다. 그러면 창세기의 내용은 이것을 지지하고 있을까?를 살펴보아야 합니다. 안타깝게도 창세기의 내용은 이러한 사실들을 지지하지 않고 있습니다.

창세기의 내용을 잘 살펴보면 하나님께서 아브라함에게 주신 '횃불 언약'(창15:13-21)이 창세기의 주요 골격입니다. 이 언약의 내용 가운데 "네 자손이 이방에서 객이 되어…"(창15:13)라는 이 언약이 어떻게 성취되는가를 보여줌과 동시에 "네 자손이 큰 재물을 이끌고 나오리라"(창15:13-14)는 언약을 성취하기 위해 준비하는 내용입니다. 창세기 37장에서 46장까지를 통해서 야곱의 가족이 이방에서 객이 되는 과정을 상세히 기술하고 있습니다. 그리고 48장에서 야곱은 요셉에게 "나는 죽으나 하나님이 너희와 함께 계시사 너희를 인도하여 너희 조상의 땅으로 돌아가게 하실 것이다"(창48:21)는 유언을 남깁니다. 그리고 요셉의 두 아들을 축복할 때 활과 칼로 점령한 가나안의 세겜땅을 준다(창48:22)고 했고, 요셉은 죽으면서 출애굽 할 것을 이야기하며, 자기의 해골(미라)을 가지고 갈 것을 부탁했습니다. 이러한 내용들이 출애굽 이전 애굽에서 창세기가 기록되었다는 주장을 뒷받침하는 확실한 근거입니다.

2) 누가 누구를 위해 기록했을까?

창세기를 저자 문제를 해결하기 위해서는 출애굽의 지도자인 모세의 출생과 그의 일생을 성경을 통해서 살펴볼 필요가 있습니다. 모세는 남자로 태어나면 생명을 보존하기 어려운 시기에 태어났습니다. 모세가 당시 애굽 땅에 태어난 것은 하나님의 특별한 섭리가 있었습니다. 하나님께서는 모세를 통해 이스라엘 백성들을 애굽에서 탈출시키기로 계획하셨습니다. 이는 모세가 출생하기 500여 년 전에 하나님께서 아브라함에게 이미 약속하신 것이기도 했습니다.

모세는 하나님의 철저한 계획 아래 애굽 파라오의 공주의 아들이 되었습니다. 그리고 40세쯤이 되어서 민족의 독립(?)을 위해 애굽의 관리를 죽였는데, 이것이 이스라엘 백성들의 지지를 받지 못하고, 이 사실이 모세의 반대파들에게 발각되어 지금의 사우디 아라비아 북쪽으로 추정되는 미디안 광야로 망명을 갑니다. 출애굽기에는 모세가 애굽의 관리를 죽인 사건에 대해서 아주 간단히 기록하고 있습니다. 그러나 한번 생각을 해보십시오. 절대 왕정시대에 왕자가 애굽 사람 한명 죽였다고 미디안 광야로 망명을 갔겠습니까? 다른 무언가가 있습니다. 성경은 이렇게 적고 있습니다. "모세가 장성한 후에 한번은 자기 형제들에게 나가서 그들이 고되게 노동하는 것을 보더니 어떤 애굽 사람이 한 히브리 사람 곧 자기 형제를 치는 것을 본지라 좌

우를 살펴 사람이 없음을 보고 그 애굽 사람을 쳐 죽여 모래 속에 감추니라"(출2:11-12) 이 사건이 비록 간단하게 기록되어 있지만 이것은 독립운동의 일종이었습니다. 파라오의 입장에서 본다면 모세의 살인 사건은 역모(逆謀)였습니다. 그래서 모세는 이 사건으로 인해 미디안으로 망명을 하게 되고 그곳에서 제사장 이드로(르우엘)의 사위로 40년 동안 양을 먹이는 목자로 살아갑니다.(행7:23-30) 하나님은 미디안에서 목자 생활을 하고 있는 모세를 부르시고, 출애굽의 지도자로 세우셨습니다.(출3-4장)

제1차 독립운동에 실패한 모세가 망명지인 미디안 광야에서 애굽으로 돌아온 것은 하나님으로부터 이스라엘 백성을 출애굽시켜야 하는 임무를 부여 받았기 때문입니다. 그런데 출애굽기를 통해서 알 수 있듯이 이스라엘 백성들은 처음에는 출애굽 할 것 같았습니다.(출4:31) 그러나 이 일로 인하여 파라오의 핍박이 있자 이내 출애굽을 포기하고 말았습니다.(출5:20-21)

왜일까요?

첫째 이스라엘 백성들에게는 파라오를 대적할 힘이 없었습니다. 그들의 조상은 지금의 이라크지역인 갈대아 우르 지방에서 가나안 땅을 거쳐 야곱이 130세일 때 애굽으로 이주했습니다. 그리고 요셉 사후 새로운 왕조가 일어났고, 이스라엘 백성들은 최소100년에서 300년이라는 결코 짧지 않은 시간을 노예로 생활해야 했습니다. 오랜 시간을 노예로 살아 온 이스라엘 백성들은 자기들이 파라오의 군대와 대적해서 이길 승산이 없다는 것을 잘 알고 있었습니다. 그래서 파라오의 핍박이 있자 포기하고 말았습니다.

둘째, 현실적으로 이스라엘 백성들은 출애굽 후 갈 땅이 없었습니다. 비록 자기들의 조상이 묻힌 막벨라 굴이 있는 가나안 땅이 있었지만, 그 땅에는 이미 막강한 군사력을 가진 것으로 추정되는 가나안 족속들이 살고 있었습니다. 출애굽기1장10절을 보면 "전쟁이 일어날 때에 우리 대적과 합하여 우리와 싸우고"라는 표현이 있습니다. "우리의 대적"은 애굽과 인접하고 있었던 가나안 족속들로 추정이 됩니다. 당시 세계 최강의 군사력과 문화를 가진 애굽의 파라오가 두려워했던 대적들인데, 당시 노예인 이스라엘 백성들의 생각에 애굽을 탈출해서 가나안 땅을 점령한다는 것, 감히 상상할 수 없는 일이었고 또 그 땅의 소유권을 주장할 아무런 국제법(?)적인 근거가 없었습니다.

이스라엘을 출애굽 시켜야 하는 임무를 하나님으로부터 부여 받은 지도자 모세는 파라오의 핍박으로 출애굽을 포기한 이스라엘 백성들에게 창세기를 통해서 지금 왜 애굽을 떠나 약속의 땅 가나안에 들어가기 하는지 그 당위성을 설명할 필요가 있었습니다. 그래서 하나님께서 노아를 통해 가나안을 저주하신 사건, 그리고 이스라엘의 조상인 아브라함과 맺으신 횃불 언약, 횃불언약의 계승자인 이삭과 야곱과 맺으신 토지언약, 그리고 그들의 조상이 애굽에 내려온 과정과 애굽에 내려온 그들의 조상이 출애굽을 준비했다는 이야기를 이스라엘 백성들에게 들려주고 있습니다.

이러한 기록 목적의 관점에서 본다면 창세기의 기록자가 출애굽의 지도자인 모세임을 알 수 있습니다. 따라서 창세기의 제1독자는 출애굽 한 이스라엘 백성이 아니라 출애굽해서 언약의 땅인 가나안 땅에 들어가야 할 애굽에서 노예 생활을 하고 있는 이스라엘 백성들입니다.

지금까지의 성경공부의 문제점은 제1독자의 관점에서 전체를 보지 못하고 부분부분 잘라서 쪼개고 파헤치는 미시적이고, 분석적인 방법이었습니다.

그래서 하나님께서 기록자를 통해서 제1독자에게 전달하고자했던 원의미를 왜곡한 경향이 있었습니다. 이러한 문제점을 극복하기 위해서 기록 목적의 관점에서 창세기를 읽고 연구해야 합니다. 그래야만 하나님께서 기록자 모세를 통해서 이스라엘 백성들에게 하셨던 말씀을 정확하게 알 수 있습니다. 성경 각권을 연구함에 있어서도 동일한 원칙이 적용되어야 합니다. 이러한 연구방법으로 성경을 묵상하고 연구할 때 주관적인 해석을 방지할 수 있고, 하나님께서 제1독자에게 하신 원래의 의미를 찾을 수 있습니다.

II. 이스라엘 역사 이전

창세기에서 이스라엘 역사 이전의 이야기는 창조(창1-2장)와 4대사건(창3-11장) 곧 선악과사건, 가인의 살인 사건, 홍수사건, 바벨탑 사건으로 구성되어 있습니다.

II-1. 창조-창조주이신 하나님

모세는 왜 창조의 이야기로 창세기를 시작하고 있을까? 이 질문은 너무나 당연한 질문입니다. 그러나 어려서부터 신앙생활을 한 사람들에게는 생소하고 황당한 질문일 수도 있습니다. 왜냐하면 어려서부터 교회 내에서 목사들의 가르침이나 설교는 진위여부에 관계없이 "믿습니까?" "믿습니다." "믿어야 한다." 이런식이었고 이런 교육은 "왜"라는 질문을 하는데 상당히 인색하게 만들었습니다.

단적인 예를 들면 필자는 사울이 왕에서 폐위된 것은 사무엘의 제사장 직분을 침범했기 때문이라는 설교와 성경 공부를 하면서 자랐습니다. 여기에 대해서 조금의 의심도 하지 않고 믿었습니다. 그런데 신학대학원 입시를 준비하면서 성경을 보니 사무엘은 레위 지파이지만 아론의 후손이 아니라 그핫의 자손이기에 제사장이 될 수 없습니다. 사무엘의 후손들은 성전에서 노래하는 사람들이었습니다.(참고, 대상6장) 시편88편은 '고라 자손의 시 곧 에스라인 헤만의 마스길…'이라는 표제가 붙어 있는데 이 헤만은 사무엘의 손자로 추정됩니다. 필자는 많은 고민을 한 끝에 사무엘은 제사장이 아니라는 결론을 내렸습니다. 그리고 어느날 집에서 신학교로 가는 차 안에서 사무엘에 관한 이야기를 했더니, 같이 차를 타고 가던 동기 신학생이 필자를 향해 성경을 갈기갈기 파괴하는 자유주의자라고 했습니다. 교회에서 배웠기에 아무런 의문을 제기하지 않고 믿는 것, 과연 그것이 좋은 믿음일까요? 좋은 믿음일 수도 있지만 좋은 믿음은 하나님의 말씀에 근거해서 하나님의 말씀을 하나님의 말씀으로 의심하지 않고 철저히 믿는 것입니다.

창조의 이야기로 시작하는 이유를 성경에서 찾아야 합니다. 창세기의 기록자 모세는 창조의 기사를 통해 하나님의 뜻을 이스라엘 백성들에게 전달하고자 했습니다. 하나님의 그 뜻이 무엇일까요? 창조 기사를 통해서 믿음을 요구하시고 또 창조주 하나님과 인간의 관계를 설명하고 있습니다. 이 이야기가 1장에서 11장까지 계속되고 있습니다.

첫째, 이스라엘 백성들에게 언약에 대한 믿음을 요구하십니다.

성경은 믿음을 이렇게 정의하고 있습니다. "믿음은 바라는 것들의 실상이요 믿음은 바라는 것들의 실상이요 보이지 않는 것들의 증거니… 믿음으로 모든 세계가 하나님의 말씀으로 지어진 줄을 우리가 아나니…"(히11:1-3)

왜 아무런 설명 없이 "태초에 하나님께서 천지를 창조하시니라(창1:1)" 라는 천지창조의 선포로 시작하고 있을까요? 우리 조상에게 언약하신 하나님이 천지를 창조하신 하나님이시라는 사실을 믿음으로 받아들여야 한다는 사실을 강력히 요구하고 있습니다. 창조주 하나님께서 창조하신 창조 그 자체를 믿지 못하면 이스라엘의 3대 족장들과 언약하신 그 언약과 그 언약의 내용도 믿지 못하기 때문입니다. 하나님께서 이스라엘 백성의 조상에게 언약하신 언약을 이스라엘 백성들은 믿어야 했습니다. 창세기를 보면 하나님의 언약을 불신한 인간, 신뢰할 것을 요구하신 하나님, 3대 족장의 이야기를 통해서 언약을 신뢰하는 하나님의 백성으로 훈련해 나가시는 창조주 하나님의 절대적인 주권의 모습을 볼 수 있습니다. 이스라엘 백성들은 전능하신 창조주 하나님의 언약을 신뢰하고 출애굽을 해야 합니다.

지금 애굽에서 노예생활을 하고 있는 이스라엘 백성의 입장에서 본다면 하나님께서 아브라함과 이삭과 야곱에게 가나안 땅을 언약하셨지만 그것은 아주 오래된 600년 전의 이야기일 뿐이었습니다. 이들은 지금 노예 생활을 하고 있었고 하루하루의 생존이 힘든 상황이었습니다. 체제(體制)의 변화를 싫어하는 계층이었습니다. 미국의 경제학자인 소스타인 베블런(Thorstein Veblen 1857-1929. 미국)에 의하면 가난한 사람들은 생존의 문제 때문에 체제의 변화를 싫어한다고 합니다. (참고, ; 뉴스타파. 2014.7.30. 가난한 이들은 왜 보수적이 되는가?) 아마 당시의 노예 생활을 했던 이스라엘 백성들은 생존의 문제 때문에 체제의 변화를 원하지 않았을 수도 있습니다. 조그마한 핍박이 있자 이들은 출애굽을 포기하고 말았습니다. 이런 이스라엘 백성들에게 모세는 600여 년 전의 언약을 이야기하기에 앞서 하나님께서 하신 천지창조를 선포하며 하나님에 대한 믿음을 요구하고 있습니다. 창조주 여호와 하나님에 대한 믿음이 없으면 600여 년 전에 하나님께서 아브라함과 체결하신 횃불언약(창15장)에 대해 믿을 수 없기 때문입니다.

둘째, 창조의 과정에서 하나님께서 말씀하시니 "그대로 되었다."입니다. 가수 윤형주씨는 교도소에 있을 때 어머님께서 넣어주시는 성경을 읽고 은혜를 받았다고 합니다. 그리고 찬양을 한곡 작곡 작사했는데, 그 가사가 "예수님이 말씀하시니 물이 변하여 포도주 됐네. 예수님이 말씀하시니 물이 변하여 포도주 됐네. 예수님 예수님 나에게도 찾아 오셔서 새롭게 새롭게 변화시켜 주세요."입니다.

예수님께서 말씀하시니 물이 변하여 포도주가 되었습니다. 하나님께서 말씀하시니 아무것도 없던 무에서 천지가 창조되었습니다. 수학에서 "0"이라는 개념, 그리고 무(無)라는 개념 참으로 재미있고 철학적인 개념입니다. 그런데 하나님께서 천지를 창조하시기 이전엔 이 "0"이라는 개념 "무(無)"라는 개념도 실체도 없었습니다. 그런데 하나님께서 아무것도 없는 심지어 무라는 개념도 없는 상태에서 천지를 창조하셨습니다. 곧 하나님의 전능하심을 선포하고 있습니다. 그리고 천지를 만드신 순서들을 자세히 기록하고 있습니다. 이 우주만물이 누구의 것입니까? 바로 천지를 창조하신 하나님의 것입니다. 이러하신 하나님께서 이스라엘의 조상인 아브라함을 우르 땅에서 불러내시어 가나안 땅으로 가게하시고, 또 그 땅을 이스라엘의 조상인 족장들에게 주시겠다고 약속하셨습니다. 그리고 이삭과 야곱에게도 그 땅에 대한 언약을 하셨습니다.

당시 창세기를 읽었던 제1독자들이 이런 하나님을 마주했을 때 어떤 느낌을 받았을까요? 우리는 할 수 없지만 하나님은 하실 수 있겠구나!였을 것입니다. 창조의 기사는 제1독자인 이스라엘 백성들에게 "너희는 스스로 애굽의 노예에서 해방될 수 없지만, 너희를 애굽의 노예에서 해방시키실 분은 창조주 하나님이십니다. 창조주 하나님이 말씀하시니 그대로 됩니다."를 이야기하고 있습니다. 모세는 애굽에서 노예 생활을 하고 있는 이스라엘 백성들에게 이스라엘 조상과 언약을 맺으신 분이 어떤 분이심을 천지 창조의 이야기를 통해 이야기하고 있습니다.

하나님께서 횃불언약에서 아브라함에게 너의 후손이 다른 사람의 땅에 이주 할 것이고 이주한지 4대만에 가나안 땅으로 돌아올 것이라고 언약하셨습니다. 모세는 창세기를 통해서 애굽으로 이주한지 429년이 지난 지금이 애굽을 떠나 가나안 땅으로 들어갈 시기라는 사실을 말하고 있습니다.

셋째, 이스라엘 백성에게 하나님은 창조주시고 인간은 피조물이라는 하나님과 인간의 관계를 말씀하시고 계십니다.

인간론을 연구하시는 교의신학자들에게 창세기1장26-27절의 말씀은 아주 중요합니다. 인간의 형상이 누구의 형상이냐?는 질문에 대한 답을 본문이 주고 있기 때문입니다. 그리고 형상과 모양이 다른 의미냐? 같은 의미냐? 강조 용법이냐? 이런 것들을 연구합니다. 꼭 필요한 연구입니다. 또 신론을 연구하시는 교의 신학자들에게 "우리"라는 단어는 매우 중요한 단어입니다. 이게 정말 삼위일체의 복수이냐? 아니면 하나님의 장엄함을 나타내기 위해 사용된 장엄형 복수(실제는 단수)이냐?를 놓고 격한 논쟁을 벌입니다. 삼위일체의 복수라고 주장하는 신학자들은

"우리"라는 단어가 복수형이기에 인간 창조에 삼위일체 하나님께서 함께 창조하셨고, 이것은 삼위일체의 중요한 근거다라고 주장합니다. 반면 장엄형 복수라고 주장하는 학자들은 "우리"라는 단어가 삼위일체의 근거가 될 수 없다는 주장을 합니다.

창세기 1장26-27절이 인간론이나 신론을 연구함에 있어서 중요한 구절이지만, 모세는 인간론과 신론을 설명하고자 기록한 것 같지는 않습니다. 여기서 강조하고 있는 것은 하나님께서 인간을 왜 만드셨는지와 하나님과 인간의 관계를 말씀하시고 계십니다. 이 목적과 관계, 이 두가지는 불가분의 관계입니다. 곧 인간은 하나님의 청지기로 하나님을 대신해서 이 우주만물을 다스려야 하는 것과 하나님은 창조주(주인)이시고 인간은 피조물(청지기)라는 사실과 입니다. 그러나 선악과를 먹은 아담의 후손들은 모두 다 자기 중심적인 생각 곧 인간 중심적인 생각을 합니다. 그래서 자신이 청지기라는 사실을 잊어버리고 주인이라고 생각을 합니다.

우리는 하나님께서 어떻게 무엇으로 인류를 창조셨는지에 대한 것을 너무 강조한 나머지 하나님의 인류 창조의 목적, 곧 왜 창조하셨는지를 간과하는 경우가 많습니다. 하나님께서 사람을 청지기로 창조하셨다는 사실은 당시 창세기를 읽었던 이스라엘 백성들에게 많은 것을 이야기하고 있습니다.

모세가 출애굽 해서 가나안 땅을 정복해야 한다고 하자 이스라엘 백성들은 물었을 것입니다. 가나안 땅에는 이미 애굽과 견줄만한 가나안 사람들이 살고 있고 땅의 이름에서 말하듯이 그 땅은 가나안 사람의 땅인데 우리가 무슨 명분으로 그 땅을 점령한단 말입니까?라고 말입니다. 이런 이스라엘 백성들에게 하나님께서 천지를 창조하셨고 인류를 청지기로 창조하셨다는 사실은 선포하므로서 이스라엘 백성들이 가나안 땅에 들어갈 수 있는 명분과 당위성이 있음을 말하고 있습니다.

천지 우주만물은 다 하나님의 것입니다. 비록 지금 이스라엘이 거주하고 있는 땅이 애굽 땅이지만, 애굽인들의 것이 아니고, 가나안 땅도 가나안 사람의 것이 아니라 하나님의 것이라는 사실입니다. 하나님께서 인간을 하나님의 형상과 모양대로 만드신 이유는 하나님을 대신해서 하나님께서 만드신 천지를 관리하게 하시기 위해서입니다. 곧 인간을 관리자로 창조하셨습니다. 지금 비록 가나안 땅이라는 이름은 가나안의 후손들이 살고 있기에 가나안 땅이라고 불리고 있지만, 가나안 사람의 땅이 아니라 하나님의 것입니다. 창세기1장을 통해서 하나님이 우주만물의 주인이시고 인간은 청지기에 불과하다는 사실을 말하고 있습니다. 인간은 하나님의 것을 관리하는 청지기입니다. 가나안은 단지 하나님을 대신해서 잠시 관리하고 있을 뿐입니다. 주인이 원하는 때에 주인이 원하는 다른 관리자에게 관리를 맡기시겠다고 말씀하시고 계십니다.

하나님이 누구시기에 가나안 땅을 우리에게 주신단 말인가? 이 질문에 대한 해답이 바로 창세기 1장과 2장의 천지창조입니다

이 사실은 창세기15장 16절 "네 자손은 사대 만에 이 땅

으로 돌아오리니 이는 아모리 족속의 죄악이 아직 가득 차지 아니함이니라."는 말씀을 통해서도 잘 알 수 있습니다. 가나안 땅은 이스라엘 백성들이 하나님의 군대가 되어 들어가야 할 땅, 칼과 활로 정복해야할 땅임을 선포하고 있습니다.(참고, 창15:16;48:22)

하나님의 교회의 상징인 이스라엘이 죄악이 관영한 가나안 땅을 정복하는 것은 신약의 구속사적인 관점에서 예수 그리스도의 몸 된 교회가 복음으로 세상을 정복해 나가는 것을 예표하고 있습니다.

✚ 지구는 과연 몇 살일까?

필자의 AC국 친구가 물었습니다. 과학적으로는 우주가 약150억년, 지구가 40여 억 년이라고 하는데, 자기가 읽은 기독교 서적에는 지구의 나이를 6,000년이라는데 어느 것이 맞는지? 혼란스럽다는 질문을 했습니다. 사실 필자도 명확하게 알았으면 좋겠는데, 성경이 정확하게 얼마나 되었다고 밝히지 않기에 알지 못합니다. 창조 과학회에서도 서로 논쟁을 하고 있는데, 그것이 마치 과학으로 성경에 나오는 창조의 모든 것을 밝히겠다는 결사항전의 각오로 타협없이 논쟁을 하는 것 같습니다. 모세는 왜 창세기를 기록하면서 지구가 출애굽 몇 천 년 전 창조되었다고 기록하지 않았을까요? 만일 밝혔다면 이런 논쟁을 유발시키지는 않았을 것인데 말입니다.

하나님께서 처음 창세기를 읽었던 이스라엘 백성들에게 지구가 언제 창조되었는지에 대해서 말씀하시기 위해서 창세기의 첫 부분인 창조기사를 기록했을까요? 그리고 이스라엘 백성들은 창조기사를 읽으며 언제 지구가 창조되었는지 궁금해 했을까요? "아니다"라고 생각합니다.

현대를 살아가는 많은 사람들이 '과학만능주의'라는 우상을 신봉하며 살아가고 있습니다. 과학으로 모든 것을 알 수 있고 모든 것을 해결할수 있다는 신념인데 과연 그것이 맞는 생각일까요?

예수님은 가나의 혼인 잔치에서 물로 포도주를 만드셨는데(요2장), 만일 지금의 과학 기술로 예수님께서 물로 만드신 포도주의 연대를 측정한다면 몇 년산 포도주라는 과학적 분석 결과가 나올까요? 과연 분석 가능할까요? 그리고 그 분석의 결과가 맞는 것일까요? 과연 물로 포조주를 만든다는 것이 과학적으로 가능할까요?

하나님께서 아담을 창조하셨을 때 어른으로 창조하셨을까요? 아니면 갓 태어난 영아(?兒)로 창조하셨을까요? 성경을 보니 아담은 성인으로 창조되었습니다. 그는 창조된 당일 동물들의 이름을 지어주었고 잠들었다가 깨어나 보니 자기의 짝이 있어서 그 이름을 여자로 지어주고 결혼해서 가정을 이루었습니다. 우주의 첫 6일째 곧 인류의 첫째 금요일 아담이 창조된 그날에 발생했던 사건입니다.

아담은 창조될 때 이미 모든 지적 능력을 갖춘 성인이었습니다. 그의 나이는 1일입니다. 이게 현대의 과학적 상식으로는 절대 불가능한 일입니다. 모든 현대의 과학적인 방법을 동원하여 1일된 아담의 나이를 측정한다면 몇 살이라는 결과가 나올까요? 대답은 여러분의 몫입니다.

우주의 나이 약150여억년, 지구의 나이40여억년을 주장하는 과학계의 주장은 성경에 비추어 적합하지 않습니다. 왜냐하면 하나님께서 첫날에 하늘과 땅(지구)을 만드셨고 우주의 태양계와 은하계는 제4일에 만드셨습니다. 지구가 우주의 다른 행성들 보다 4일이 더 빠르게 창조되었습니다. 그러니 지구의 생일이 4일 더 빠른 겁니다.

전능하신 하나님께서 지구를 만드실 때, 물을 가지고 최고급 포도주를 만드셨던 것처럼 제6일에 아담과 여자를 성인으로 만드셔서 가정을 이루게 하셨던 것처럼, 1주일 동안 우주만물을 만드셨지만 완벽한 형태의 우주를 만드실 수 있는 전능하신 분이십니다.

성경에 나오는 족보의 나이를 계산해서 6천년이라는 숫자가 계산되어 나오는데, 대부분의 보수진영(?)의 신학자 혹은 그리스도인들은 받아들이고 있습니다. 그런데 창세기는 비록 족보형식을 빌어 기술하고 있지만 족보가 아니라는 사실입니다. 성경에서 사용한 족보의 기능은 그것이 역사적 사실 혹은 뿌리를 증명하기 위한 것이지, 역사(歷史)의 연보(年報)기능은 아닙니다. 그 예가 마태복음 1장에는 나오는 족보에는 아브라함에서 다윗까지가 14대, 다윗부터 바벨론으로 사로 잡혀 갈 때까지가 14대, 바벨론으로 사로 잡혀간 후 예수님까지가 14대 이렇게 14대씩 3번 나옵니다. 그런데 이 14를 맞추기 위해 생략한 부분들이 나옵니다. 바로 1장8절 "요람은 웃시야를 낳고"인데 요람과 웃시야 사이에 3대가 생략되어 있습니다. 정확한 족보로 가면 요람-->아하시야-->요아스-->아마샤-->웃시야 입니다.

그리고 창세기2장과 3장의 사이의 시간 간격이 얼마인지 우리는 알수 없다는 사실입니다. 하나님께서 천지를 창조할 실 때 시간을 창조하셨습니다. 범죄하지 않은 인간은 에덴동산에 살면서 시간의 제한을 받지 않고 살았습니다. 죽는 존재가 아니었기 때문에 나이가 무의미(無意味)했습니다. 마치 천국에서 몇 살인지가 무슨 의미가 있겠습니까? 그런데 선악과를 먹은 이후 모든 것이 변했습니다. 영적으로는 죽은 존재가 되었고 육체에도 죽음이 들어와 필히 죽는 존재가 되었습니다. 그래서 나이를 세기 시작했습니다. 아담의 나이가 930년을 살았다고 성경은 기록하고 있습니다. 그런데 이게 선악과를 먹고 난 이후의 나이인지 아니면 창조 시부터의 나이 인지를 정확히 알길 없지만 필자의 생각은 선악과를 먹은 이후부터일 것이라고 생각합니다.

성경에 기록된 부분들 가운데 인간의 영역에서(과학으로) 알 수 있는 부분들이 있고, 알 수 없는 부분들이 있습니다. 창조의 영역은 우주만물과 시간을 포함합니다. 무(無)에서 유(有)가 된 창조영역의 기원은 인간의 능력(과학)으로 알 수 있는 부분이 아니라 믿음으로 받아들여야하는 부분인데, 인간의 유한한 과학으로 그것을 알 수 있다는 생각은 어쩌면 제2의 바벨탑을 쌓은 것일 수도 있습니다. 인간의 유한한 능력인 과학으로 알 수 있는 부분은 창조이후 역사 속에서 진행된 부분들입니다.

II-2. 4대 사건

선악과를 먹은 사건, 가인의 살인 사건, 홍수 심판 사건, 바벨탑 사건, 이 4대 사건과 4번의 심판을 통해서 여호와 하나님의 심판주 되심을 일깨워 주고 있습니다. 피조물인 사람들이 하나님의 주권을 인정하던, 하지 않던 하나님은 여전히 우주의 주권자와 심판주이시라는 사실을 3-11장은 선포하고 있습니다.

1) 선악과 사건-스스로 하나님이 되고자한 사건

선악과를 먹은 사건은 많은 논쟁을 불러일으킨 사건입니다. 이 사건으로 원죄가 유전된다는 정통주의와 아담의 원죄는 유전되지 않는다고 주장한 펠라기우스, 그리고 이 사건을 이상하게 해석한 한국산(韓國産) 이단도 있습니다.

그런데 창세기를 읽으면서 왜? 창세기3장에 선악과를 먹은 사건이 기록되었을까? 왜 최초의 인류 아담은 선악과를 먹었을까? 먹고 난 후에 하나님과의 관계가 어떻게 되었을까? 하나님께서는 선악과를 먹은 사건과 여자의 후손 언약을 통해서 이스라엘 백성들에게 무엇을 말하고자 했을까?를 깊이 고민해 보신적이 있으신지요?

인간의 범죄함은 하나님의 말씀을 의심하고 불순종하고 또 자기의 생각을 집어넣어 하나님과 같이 되고자 하는(창3:5) 욕망에서 시작되었습니다. 청지기의 신분에서 벗어나 하나님이 되기를 원했습니다. 이를 다른 말로 표현하면 모든 일의 판단의 주체가 하나님이 아니라 자기 자신이 되고자 했다는 말입니다. 인간은 청지기이기에 모든 것을 주인이신 하나님의 뜻에 따라 움직여야 했습니다. 사탄은 이런 점을 놓치지 않고 선악과를 먹으면 하나님과 같이 된다고(창3:5) 여자를 유혹했습니다. 그래서 선악과를 먹었고, 그 결과 모든 것이 자기중심적으로 변해 버렸습니다. 모든 일의 판단의 기준이 하나님이 뜻(말씀)이 아니라 자신의 생각이 되었습니다. 하나님께서 선악과를 먹은 아담과 여자에게 선악과를 먹은 이유를 물었을 때 아담은 "하나님이 주셔서 나와 함께 있게 하신 여자 그가 그 나무 열매를 내게 주므로 내가 먹었습니다."(창3:12)라고 답했습니다. 내가 선악과를 먹은 첫 번째 원인은 하나님이고 두 번째 원인은 여자라고 변명했습니다. 여자는 선악과를 먹은 원인을 "뱀이 꾀므로" 먹었다고 했습니다.

하나님과 같이 되고 싶어서 하나님의 말씀을 거역하고 선악과를 먹었는데, 그 결과 하나님과의 관계가 단절되었습니다. 그들이 하나님의 음성을 들었을 때 그들은 하나님을 피할 수밖에 없었습니다. 하나님 앞에 나아갈 수 없는 존재가 되었습니다. 그리고 모든 것을 자기중심으로 생각하게 되었고, 전혀 자신의 잘못을 인정하지 않고 책임을 다른 사람에게 전가하는 모습을 보였습니다. 하나님은 선악과를 먹은 남자와 여자를 징계하셨습니다. 그 내용이 창세기 3장14절에서 19절까지입니다. 그런데 징계 가운데 복음의 시작인 창세기3장15절의 말씀이 있습니다. 하나님으로부터 징계를 받은 아담은 아무런 변명 없이 그의 아내에게 '하와' 라는 이름(창3:20)을 지어줍니다. 자기변명으로 일관하던 창세기3장10절과는 매우 대조적인 모습입니다.

최초의 인류는 선악과를 먹고 스스로 하나님이 되고자 했지만, 그들은 여전히 피조물이었고 창조주 하나님은 여전히 우주의 창조주와 심판주셨습니다. 아담은 그 징계를 순순히 받아들일 수밖에 없었습니다.

모세는 이러한 사실을 통해서 이스라엘 백성들에게 애굽의 파라오가 이스라엘의 주인이 아니라 하나님이 이스라엘의 주인이시며 애굽의 파라오 또한 관리자에 불과하다는 사실을 강력하게 말씀하시고 계십니다. 하나님을 하나님으로 인정하던 하지않던 하나님은 여전히 우주의 주재이십니다.

✚ 여인의 후손 언약-복음의 시작

하나님께서 아담과 여자를 징계하시는 가운데 주신 창세기3장15절의 말씀은 복음의 시작입니다. 징벌 가운데서도 은혜를 베풀어주신 하나님을 만실 수 있습니다. 그런데 이 문장이 특이한 것은 "내(하나님)가…되게 하리니"구조의 피동구(被動句)입니다. 사탄이 여인과 원수가 되고 싶어 되는 것이 아니라 하나님께서 되게 하신다는 것입니다.

✚ 여인의 후손언약

① 사탄과 여인이 서로 원수 되게 하심.

② 사탄의 후손과 여인의 후손이 원수가 되게 하심.

③ 사탄의 후손은 여자의 후손의 발꿈치를 상하게 하고, 여인의 후손은 사탄의 후손의 머리를 상하게 하게 할 것.

이 모두가 다 하나님께서 하게 하신다는 것입니다. 하나님께서 서로 싸우게 하시고, 이 모든 일들이 하나님의 계획(의도) 안에 있음을 말씀하시고 계십니다. 선악과를 먹은 아담과 여인을 징계하는 가운데서 구원의 길을 인간에게 주신 사랑의 하나님을 만날 수 있습니다.

여인의 후손은 그리스도이신 예수님이라는 것을 압니다. 그러면 여인은 누구입니까? 2014년 초 예수님을 믿은지 50여년 되신 노(老)권사님과 이야기를 할 기회가 있었습니다. 자연스럽게 성경에 관한 이야기를 하다가 창세기

3장을 이야기를 하게 되었습니다. "너"는 사탄이고 너의 후손은 사탄의 후손이니 사탄이고, 여인의 후손은 "예수 그리스도"시고 여인은 누구인가? 이런 이야기들이 오고 갔습니다.

왜? 예수님이 여인의 후손입니까? 동정녀 탄생을 하셨으니 남자의 후손이 아니라 여자의 후손? 그런데 복음서에는 예수님을 "다윗의 후손"으로 부르고 있습니다. 뭔가 좀 부자연스럽습니다. 창세기3장15절에서 말씀하시는 여인은 예수님의 어머니 마리아가 아니라 "교회(이스라엘 공동체)"이고 예수님을 여인의 후손이라 칭하는 이유는 예수님께서 이스라엘 공동체를 통해서 오셨기 때문이라고 말씀을 드렸더니 "지금까지 50여년 예수님을 믿고 교회를 다녔지만 이 이야기는 처음 듣고 오늘에서야 창세기3장 15절에 관한 의문이 풀렸다"고 하셨습니다.

사도행전 7장38절을 보면 스데반집사님의 마지막 설교가 나오는데 이스라엘의 광야 생활을 "광야교회"라고 묘사하고 있습니다. 여기서 사용된 교회에 상응하는 헬라어가 εκλλεσια(에클레시아)입니다. 그리고 신약성경에서 사용된 교회라는 단어는 여성 명사인 εκλλεσια(에클레시아)를 사용하고 있습니다.

예레미아서 31장32절에서는 "이 언약은…내(여호아)가 그들(이스라엘)의 남편이 되었어도…"라고 말씀하시므로 이스라엘을 하나님의 신부로 묘사하고 있습니다. 호세아서에서 호세아는 하나님을 예표하고 호세아의 아내 고멜은 우상숭배로 하나님을 떠난 이스라엘을 예표합니다. 하나님은 호세아에게 호세아와 결혼을 하고도 다른 사람의 여인이된 고멜을 은15개와 보리 한 오멜반으로 음녀가 된 호세아를 사오라고 합니다.(호3:2) 이 일은 예수 그리스도의 구속의 사건을 말씀하시고 계십니다.

또 계시록 12장에는 임신한 한 여인의 모습이 나타나고, 붉은 용은 그 여인을 핍박하고, 여인은 하나님께서 예비하신 광야로 도망을 갑니다.(계12:6) 그 여자가 낳게 될 아들을 만국을 다스리는 통치자(계12:5) 곧 예수 그리스도로 묘사하고 있습니다. 계시록 12장에서 묘사하고 있는 여인은 생물학적인 여인이 아니라 하나님의 언약 공동체인 교회를 지칭합니다. 예수님은 언약(구약) 공동체인 이스라엘을 통해서 오셨습니다. 언약(구약) 공동체로서 이스라엘은 교회의 예표입니다. 그러므로 창세기3장15절에서 말하는 '여자'는 '동정녀 마리아'가 아니라 '언약 공동체인 교회'를 가리킨다는 것을 알 수 있습니다.

사탄은 항상 교회를 공격하고 교회는 복음을 전함으로 사탄의 세력을 점령하고 하나님 나라를 확장해 나갑니다. 교회가 이 세상에 존재하는 한, 예수 그리스도의 재림의 때까지 항상 사탄과의 영적전쟁을 할 것이고, 교회는 그것을 통해서 영적 야성을 키우고, 영적인 모든 부분이 성장하게 될 것입니다. 하나님은 자기 백성을 온실 속에서 키우시는 것이 아니라 영적 전쟁터에서 영적 전쟁을 통해서 강하게 키우신다는 사실을 알 수 있습니다. 하나님께서는 모든 그리스도인들을 필연적으로 영적 싸움을 하게 하시기에, 진정한 그리스도인들은 영적전쟁을 두려워해서는 되지 않습니다.

여호수아 군대의 가나안 정복 전쟁은 단순한 정복전쟁이 아니라 교회인 이스라엘이 하나님의 군대가 되어 죄악이 관영한 세상을 복음으로 점령해 가는 영적 전쟁의 예표입니다. 신명기 7장2-4절을 보면 하나님께서 가나안 땅에 들어가야 할 이스라엘 백성들에게 이렇게 말씀하셨습니다. "…그들(가나안 사람과 땅)을 네게 넘겨 네게 치게 하시리니 그 때에 너는 그들을 진멸할 것이라 그들과 어떤 언약도하지 말 것이요… 네 아들을 유혹하여 그가 여호와를 떠나고 다른 신들을 섬기게 하므로…" 교회는 세상의 문화를 받아들이거나 세상의 문화와 타협해서는 안 됩니다. 세상적 가치관이 교회 안으로 들어와서도 안 됩니다. 교회는 오직 하나님의 말씀이 교회의 기준이 되어야합니다. 그리고 세상을 오직 하나님의 말씀으로 점령해 나가야 합니다. 사탄은 어떤 때는 핍박을 통해서 어떤 때는 유혹을 통해서 교회를 공격합니다. 그 공격을 물리칠 수 있는 유일한 방법이 하나님의 말씀으로 무장하는 것입니다.

예수님 당시 이스라엘의 종교 지도자들과 로마제국의

세력은 여인의 후손인 예수님을 십자가에 못 박아 죽였습니다. 잠시 그들의 세력이 승리하는 것 같았습니다. 그러나 예수님께서 부활하시므로 죽음을 물리치시고 죽음의 권세 잡은 자 사탄의 머리를 상하게 했습니다. 이를 성경은 "…그도 또한 같은 모양으로 혈과 육을 함께 지니심은 죽음을 통하여 죽음의 세력을 잡은 자 곧 마귀를 멸하시며, 또 죽기를 무서워하므로 한평생 매여 종노릇 하는 모든 자들을 놓아 주려 하심이다.(히2:14-15)"라고 말씀하시고 또 "…그는 사망을 폐하시고 복음으로써 생명과 썩지 아니할 것을 드러내셨다(딤후1:10)"라고 말씀하시고 계십니다.

창세기3장의 선악과를 먹은 사건은 인류 최초의 범죄 사건입니다. 그런데 이 사건으로 영적으로는 하나님과의 관계가 단절된 죽음의 상태가 되었고, 또 육적으로는 모든 사람이 죽는 존재가 되었습니다.(히9:27) 그런데 하나님께서 창세기3장 15절의 언약을 통해서 그들과 관계를 회복하셨습니다. 구약의 백성들은 복음의 시작인 창세기3장15

절의 언약을 믿고 오실 메시아를 기다리는 믿음으로 구원을 받았습니다. 전(前) 총신대학교 신학대학원 교의신학 교수였던 서철원박사는 그의 기독론에서 "그리스도의 십자가의 피가 시간에 역행해서 구약 성도들에게 적용되고, 또 그들의 제사에 적용되어 그들이 구원에 이르렀다.(제8장 II.2).나.)"고 기술하고 있습니다.

대속죄일(레16장)은 대제사장이 1년에 한번 지성소에 들어가 제사를 드리는 날입니다. 예수 그리스도의 십자가의 구속 사건을 예표하는 날입니다. 예수 그리스도의 십자가의 구속 사건으로 말미암아 성소와 지성소를 구분하는 휘장이 찢어졌습니다. 그래서 예수 그리스도 안에서 구원 받은 모든 백성들은 예수 그리스도의 구속사건 곧 십자가의 보혈을 힘입어 담대히 하나님 앞에 나아갈 수 있게 된 것입니다. 그래서 히브리서는 "우리는 긍휼하심을 받고 때를 따라 돕는 은혜를 얻기 위하여 은혜의 보좌 앞에 담대히 나아갈 것이니라(히4:16)" "우리가 예수님의 피를 힘입어 성소에 들어갈 담력을 얻었나니(히10:19)"라고 기록하고 있습니다. 구원받은 모든 그리스도인들이 예수 그리스도의 십자가의 보혈을 힘입어 하나님 앞에 나아갈수 있는 것을 을 말합니다. 이를 만인 제사장주의라고 합니다.

✚ 구원이 무엇입니까?

구원받으셨습니까? 대부분의 그리스도인이 "예"라고 대답합니다. 그리고 구원이 무엇입니까?라는 질문을 받으면 쉽고 명쾌하게 대답을 하지 못하는 경우가 많습니다. 성경이 말씀하시는 구원은 여자의 후손인 예수 그리스도를 통해서 하나님과의 관계 회복되는 것입니다. 인간이 선악과를 먹으므로 하나님과의 관계가 단절되었습니다. 그래서 하나님은 예수 그리스도를 십자가에 죽이시고 부활시키시므로 피조물인 우리와 관계 회복을 계획하시고 실행하셨습니다. 죽었던 우리를 살리시고(엡2:1) 이 땅에서 하나님나라의 백성으로 또 자녀로 살아가게 만드셨습니다. 그리고 우리가 육신의 장막을 벗는 날에는 천국에서 하나님과 함께 있다가 예수 그리스도의 재림의 날에 다시 생명의 부

활로 부활하는 것입니다.(참고, 요5:28-29)

구원 받은 하나님의 백성이라면 하나님을 하나님으로 인정하고, 하나님의 절대 주권을 인정하고, 하나님의 통치를 받으며, 모든 삶을 하나님의 영광을 위해 살아가는 것입니다. 구원받은 사람은 자신이 하나님의 청지기(노예)라는 사실을 인정하고 청지기로서의 삶을 살아가는 것입니다. 하나님께서 천지를 창조하시고 인간을 창조하셨을 때 인간을 청지기로 창조하셨습니다.(창1:26) 그런데 인간 측에서 하나님을 배신했습니다. 그러나 하나님은 하나님의 절대 주권으로 예수 그리스도의 희생을 통해서 우리와의 관계를 회복 시켜주셨습니다.

구원받은 사람은 자신이 청지기이고 하나님이 진정한 주인이시라는 사실을 알고 있습니다. 그래서 하나님의 말씀에 순종하기 위해 최선을 다하는 삶을 살아갑니다.

구원의 확신 점검 포인트 첫째가 "나는 청지기 의식이 있는가?" 입니다.

✚ 자유의지에 대해서 생각해 보셨습니까?

하나님께서는 인간에게 자유의지를 주셨고 그 자유의지를 사용해 선악과를 먹지 말라고 하셨습니다. 왜 하나님은 인간에게 자유의지를 주셨을까요? 이 질문은 수없이 많이 받는 질문입니다. 그런데 좀 부끄러운 사실이지만 예전에 이 문제에 대한 답을 제대로 한 적이 없었습니다.

그런데 2014년 4월 어느 주일날 오후 식사를 하고 친구들과 함께 성경에 관한 것을 자유스럽게 질문하고 토론하는 시간을 가지고 있었습니다. 이런 일은 필자가 사역하던 모임에서 통상적으로 있어 온 시간이었습니다. 그런데 이날 우리 모임을 통해 예수님을 믿은지 3-4개월 정도된 형제가 "왜 하나님은 인간에게 자유의지를 줘서 죄를 범하게 했느냐?"는 질문을 했습니다. 전혀 예상하지 못했던 아주 갑작스러운 질문에 잠시 당황을 했습니다. 사실 이 질문은 신학대학원 입학 이후, 아니 예수님 믿은 이후 필자도 시원한 답을 얻지 못했고, 사역을 하면서 시원한 답을 주지도 못했습니다. 필자는 일면 느헤미아의 기도를 했습니다. "주님! 어떻게 대답할까요? 지혜를 주십시오" 그때 "우리의 형상을 따라 우리의 모양대로 우리가 사람을 만들고…하나님이 자기 형상 곧 하나님의 형상대로 사람을 창조하시되…"(창1:26)라는 말씀이 떠올랐습니다. 그래서 필자가 다시 되물었습니다. "우리가 누구의 모양과 형상대로 지음을 받았죠?" 함께 있던 형제자매들이 답하기를 "하나님의 형상대로"였습니다. "그러면 하나님께서 세상을 만드시고, 또 죄를 범한 인류에게 여자의 후손 언약을 주신 것이 누구의 강요에 의해서냐? 아니면 하나님의 자발적인 의지에 의해서냐? 성경은 어떻게 말하고 있나?"라는 질문을 했습니다. 삼위일체 하나님은 철저하게 하나님의 자유의지에 의해서 자발적으로 세상을 창조하셨고, 자발적인 의지에 의해 인간을 하나님의 모습과 형상대로 만드셨고 또 죄를 범한 인간에게 자유의지적으로 여인의 후손의 언약을 주셨습니다.

하나님의 모습과 형상대로 지음을 받은 아담과 여자는 온전한 자유의지를 가지고 있었고, 만일 자유의지가 없는 존재로 지음을 받았다면, 하나님의 모습과 형상대로 지음 받았다는 말이 틀린 말이 되는 것입니다.

하나님의 모습과 형상대로 지음을 받았기에 우리의 조상인 아담과 여자에게는 온전한 자유의지가 있었습니다. 그런데 "선악과를 먹으면 정녕 죽으리라"는 말씀을 범하므로 하나님과 완전히 단절되는 결과를 초래했습니다. 아담과 여자는 선악과를 먹고 눈이 밝아졌을 때 하나님을 찾지 않았습니다. 아니 찾을 수가 없었습니다. 왜냐하면 그들의 영혼은 이미 죽었기 때문입니다. 그리고 그들이 하나님의 소리를 들었을 때 동산 나무사이에 몸을 숨겼습니다.(창3:8) 이는 영적죽음의 상태가 곧 하나님과의 관계 단절임을 잘 나타내 주고 있습니다. 영적으로 완전히 죽은 죄인들은 스스로 하나님 앞에 나아올 수 없습니다. 하나님께서 죄인들에게 은혜를 베풀어 주셔서 하나님 앞에 나아올수 있도록 해 주셨기에 인간은 하나님 앞에 나아올수 있습니다. 구원은 하나님의 절대 주권의 영역이며, 인간의 편에서는 아무것도 할수 없습니다. 구원 받지못한 죄인들은 하나님 앞에 나아올수 없기에 자신의 죄를 회개할 수도 없습니다. 자신의 죄를 하나님 앞에 인정하고 회개를 할수 있는 것은 구원받은 그리스도인의 큰 특권입니다.

아담의 모든 후손들 또한 하나님의 은혜가 아니면 구원받을수 없는 영적으로 죽은 존재가 되었습니다.(창5:3; 참고,롬5:12-21) 성경은 "그는 허물과 죄로 죽었던 너희를 살리셨도다.…너희는 그 은혜에 의하여 믿음으로 말미암아 구원을 받았으니 이것(구원)은 너희에게서 난 것이 아니요 하나님의 선물이라. 행위에서 난 것이 아니니…"(엡2:1-9)라고 말씀하시고 계십니다. 구원은 오직 하나님의 은혜로 이루어지며 인간은 완전히 피동적입니다. 인간의 편에서 할수 있는 것은 아무것도 없습니다. 성경이 말씀하시는 영적 죽음은 하나님과의 관계 단절이며, 영원한 지옥형벌을 받는 것입니다. 그래서 구원에서 완전한 영적인 죽음을 부정하거나 신인협력(神人協力) 구원이나 인간의 자력(自力) 구원을 주장하는 모든 사상은 사탄적 사상입니다.

하나님께서 인간에게 선악과 언약을 주신 것은 일종의 창조주와 피조물의 경계선이었습니다. 항상 자신이 피조물 곧 청지기라는 사실을 숙지하고 의지적으로 하나님을 창조주로 인정하면서 살아가야하는 존재였는데, 인류의 조상 아담과 여자는 하나님과 같이 되고자 하는 마음(창3:5-6)으로 선악과를 먹고 말았습니다.

그러나 인간이 비록 죄를 범했지만, 모든 사람에게 하나님의 형상이 우리에게 존재합니다. "…이것으로 하나님의 형상대로 지음을 받은 사람을 저주하나니"(약3:9). 인격과 일반은혜의 부분에서 자유의지가 존재한다. 감정 조절, 생리 욕구 조절 등은 우리의 의지를 통해서 결정할 수 있습니다. 이런 대답을 해주었습니다.

구원의 확신 점검 포인트 두 번째 '나는 과연 자발적으로 의지적으로 하나님의 말씀에 순종하고자 끊임없이 노력하고 있는가?' 입니다.

✚ 말씀에 근거한 신앙

사탄은 아담을 유혹하지 않고 여자에게 접근하여 유혹하였습니다. 여러 가지 해석들이 존재할 수 있겠지만, 하나님께서 선악과 언약을 주실 때 여자는 아직 만들어지지 않은 상태였습니다. 이런 연고로 여자는 선악과 언약에 대해 아담을 통해 들었습니다. 그리고 여자는 뱀의 질문을 받았을 때 자신의 생각을 넣어서 선악과 언약을 말했습니다. "정녕 죽으리라"를 "죽을까 하노라"로 바꾸었습니다.

신앙생활의 표준과 근거가 무엇입니까? 바로 하나님의 말씀인 성경입니다. 이것은 절대 양보할수도 해서도 안되는 영구불변의 진리입니다. 올바른 신앙생활을 하기 위해서는 하나님의 말씀인 성경을 끊임없이 읽고 묵상하고 연구해야 합니다.

필자가 2012년도에 AC국의 한 작은 도시에 사역을 갔습니다. 사역 가운데 "구원은 하나님의 절대 주권이고 인간이 조금도 개입할 틈이 없다."고 말하자, 그때 많은 사람들이 "볼지어다! 내가 문 밖에 서서 두드리노니 누구든지 내 음성을 듣고 문을 열면 내가 그에게로 들어가 그와 더불어 먹고 그는 나와 더불어 먹으리라"(계3:20)라는 말씀은 무엇이냐?라는 질물은 던졌습니다. 이 말씀은 C.C.C.에서 출판한 유명한 전도 소책자인 4영리의 네번째 원리에도 사용되고 있고, 가끔은 예수님이 문밖에서 문을 두드리는 그림과 함께 달력에서도 사용되고 있는 아주 유명한 성구입니다. 그들의 질문을 받고 다시 그들에게 계시록3장20절의 말씀이 불신자에게 하신 말씀이냐? 아니면 신자에게 하신 말씀이냐?를 질문했습니다. 그들의 대답은 당연히 불신자들이었습니다. 그래서 그들에게 계시록3장14절을 같이 읽어보자고 했습니다. 이 말씀은 불신자들에게 하신 말씀이 아니라 라오디게아 교회의 사자에게 하신 말씀입니다. 성경을 통해 그부분을 설명을 했는데도 불구하고 집으로 돌아온 이후 전화에 시달려야 했습니다. 이 말씀을 전도에 인용하므로 구원의 선택이 인간편에 있는 것으로 믿게 만드는 전형적인 성경 말씀의 왜곡입니다.

성경을 읽을 때 앞뒤 문맥을 곰곰이 생각하면서 읽으면 일자무식한 사람이라도 그 뜻을 이해할 수 있습니다. 중국어에서는 앞뒤문맥을 다 잘라버리고 필요한 문장만 끄집어내어서 사용하는 것을 "뚜안짱취의(斷章取意)"라고 합니다. 한국교회 역시 이러한 과오로부터 자유롭지 못합니다. 필자가 AC국에서 사역을 할 때 친구들에게 항상했던 말이 있습니다. "신앙생활의 근거를 항상 성경에서 찾아라! 그렇게 하기 위해서 성경을 많이 읽고 공부하고 연구해라" "끊임없이 스스로에게 질문하라! 나의 신앙의 근거가 성경인가?" AC국 친구들에게 했던 말은 필자를 연단하고 훈련시키는 결과를 가져왔습니다. 필자가 좀 새로운 이야기를 하면 그들은 필자에게 항상 묻습니다. "성경적 근거가 무엇입니까?" 라고 말입니다. 그리스도인이라면 신앙생활의 근거를 항상 하나님의 말씀인 성경에서 찾아야 합니다.

사탄이 아담을 유혹하지 않고 여자를 유혹 한 것은 여자가 직접 하나님의 말씀을 들은 것이 아니라 아담을 통해서 간접적으로 들었기 때문입니다. 그리고 아담은 그 자리에 함께 있으면서도 여자의 잘못을 지적하지 않았고 교정해 주지 않았습니다. 현대를 살아가는 많은 그리스도인들도 아담과 여자가 범한 동일한 과오를 범할 때가 많습니다. 잘못된 말씀에 대한 지적과 교정에 무감각하고 말씀을 바로잡기 위한 노력에 열심이 결여되어 있는 경우가 많습니다. 또 기독교의 경전인 성경을 직접 통하지 않고 성경에 근거하지 않은 간접적인 가르침을 통해서 배운 것이 마치 성경의 말씀인양 믿고 따르는 과오를 범할 때가 많습니다. 성경을 통한 철저한 검정이 필요합니다. 모든 그리스도인들은 스스로의 온전한 신앙인으로 자라가기 위해서 끊임없이 성경을 읽고 연구하며 노력해야 합니다.

이 말세의 시기에 사탄의 전략은 하나님의 말씀을 왜곡시켜 하나님 중심적인 것에서 사람 중심적인 것으로 신앙의 중심을 이동시키고, 그것이 마치 진리인양 믿게 만듭니다. 이단들도 성경을 사용하고 그들도 예수님의 말씀을 인용합니다. 그러나 그들이 전하는 것은 유사(類似)복음, 유사(類似)기독교이지 진정한 복음이 아닙니다. 제품광고를 보면 "유사품(類似品)에 속지 마세요!"라는 문구를 자주 봅니다. 그리스도인들도 유사복음, 유사 기독교를 분별할 능력을 키워야 합니다. 명백한 이단은 구분하기 쉽지만, 광명의 천사로 가장하여 교회에 가만히 들어온 이단은(유4) 구별하기가 쉽지 않습니다.

구원받은 그리스도인의 신앙생활의 유일한 표준은 하나님의 말씀이어야 합니다. 그리고 말씀의 왜곡에 대한 유혹이 있더라도 그것을 극복하기 위해 끊임없이 기도하며, 노력해야 합니다.

구원의 확신 점검 포인트 셋째 "나의 신앙은 하나님의 말씀 중심적인가?" 입니다.

2) 살인사건

형이 동생을 죽이는 최초의 살인사건이 일어납니다. 사건의 원인은 제사였습니다. 하나님께서 아벨의 제사는 받으시고 가인의 제사는 받지 않으셨기 때문이었습니다. 왜 가인의 제사를 받지 않았을까? 가인의 제사는 피 없는 제사였기 때문이다. 이렇게 배워왔습니다.

그런데 하나님께서 받으신 것은 아벨과 그 제물이고 받지 않으신 것은 가인과 그 제물이었습니다.(창4:4-5) 여기서 주의해야할 사실은 사람의 이름이 먼저 나온다는 것입니다. 그리고 히브리서 기자는 가인과 아벨의 제사를 믿음 유무(有無)의 제사라고 말씀하시고 계십니다.(히11:4) 가인과 아벨의 제사가 감사제였는지, 속죄제였는지, 어떤 제사였는지에 대해서 성경은 침묵하고 있습니다. 그러나 하나님께서 아벨과 그의 제사는 열납(悅納)을 하셨습니다. 만약 가인이 양으로 제사를 드렸다면 하나님께서 받으셨을까?를 한번 고민해 보아야 합니다. 열납의 기준이 믿음이었음을 성경은 밝히 말씀하시고 계십니다. 이것은 무엇을 의미할까요? 곧 가인은 믿음 없는 사람이었고 아벨은 믿음의 사람이었습니다. 가인의 삶을 살펴볼 때 그는 평소의 삶에서 하나님을 하나님으로 인정하지 않는 사람이었습니다. 자신이 하나님이었습니다. 가인이 아벨을 죽인 이후 하나님께서는 가인에게 "네가 밭을 갈아도 땅이 다시는 그 효력을 네게 주지 아니할 것이요 너는 땅에서 피하며 유리하는 자가 되리라(창4:12)"는 징계를 하셨습니다. 가인은 유리하는 자가 되어야 하는데 유리하는 자가 되지 않기 위해서 그는 에덴의 동쪽에 성을 쌓았습니다. 이렇게 하나님의 징계에 대항하였습니다. 이러한 사실만을 보더라도 가인은 하나님의 말씀에 순종하는 사람이 아니었습니다. 곧 하나님을 창조주와 심판주로 인정한 사람이 아니었습니다. 그러나 하나님은 여전히 창조주셨고, 여전히 심판주셨습니다.

✚ 구속사의 관점에서 본 가인의 살인사건

구속사적인 관점에서 가인의 살인 사건은 단순한 살인 사건이 아니라 하나님의 구속 곧 여자의 후손을 보내는 계획을 방해한 사건입니다.

창세기4장25절 "아담이 다시 자기 아내와 동침하매 그가 아들을 낳아 그의 이름을 셋이라 하였으니 이는 하나님이 내게 가인이 죽인 아벨 대신에 다른 씨를 주셨다." 여기서 주목해야할 단어가 "대신"입니다. 여러 가지 신학적인 이야기들이 나올 수 있겠지만, 여자의 후손을 보내시기 위한 하나님의 계획이라는 관점에서만 잠시 살펴보겠습니다. 하나님은 아담의 가정에 아벨 대신에 셋을 주셨다고 했습니다. "대신"이라는 단어를 통해서 하나님의 원래 여자의 후손을 보내는 계획이 믿음의 사람인 "아벨"이었다는 것을 알 수 있습니다. 이러한 관점에서 본다면 가인의 살인은 단순한 시기질투에 의한 살인이 아니라 하나님의 구속 계획을 방해하고자 한 사건임을 알 수 있습니다. 만일 하나님께서 "내가 아벨을 통해서 여자의 후손은 보내겠다."고 말씀하셨으면 하나님은 반드시 아벨을 살리셔야 하셨습니다. 그러나 그러한 말씀은 창세기에 나타나지 않습니다.

가인이 아벨을 살해했지만 하나님은 창세기3장15절에서 말씀하신 언약을 멈추지 않고 지속해 나가셨습니다. 어떠한 방해 속에서도 하나님의 구원의 계획을 멈추지 않으시고 진행하시는 하나님을 만날 수 있습니다.

✚ 원죄문제

“아담은 130세에 자기의 모양 곧 자기의 형상과 같은 아들을 낳아 이름을 셋이라 하였고(창5:3)” 라고 기록하고 있습니다. 원죄 유전의 성경적 근거입니다. 하나님께서 아담에게 말씀하시길 “선악과를 먹으면 정녕 죽으리라”(창2:17)고 하셨습니다. 이 말씀을 좀 다른 각도에서 보면 선악과를 먹지 않으면 죽지 않는 존재라는 것입니다. 그런데 아담은 선악과를 먹었고, 육체적으로는 죽는 존재가 되었고 영적으로 하나님과 관계가 완전히 단절된 죽음의 상태가 되었습니다. 그리고 사도 바울은 “아담 안에서 모든 사람이 죽은 것 같이(고전15:22)” 라는 말씀을 통해 원죄 유전의 교리를 강력하게 지지하고 있습니다. 그러나 원죄(완전한 타락 혹은 완전한 죽음) 교리의 문제는 교회사에서 항상 논쟁이 되어왔던 문제입니다. 초대교회시기 펠라기우스는 아담의 죄는 유전되지 않고 아담 자신에게만 국한된다고 주장해서, 431년 에베소회의에서 이단으로 정죄되었습니다. 그 이후 원죄는 유전되지만 인간의 의지에 의해서 구원을 선택할 수 있다는 모순적인 주장을 하는 반(半)펠라기우스주의가 등장을 하는데, 이들은 529년 오렌지회의에서 이단으로 정죄됩니다. 종교 개혁 이후에도 반(半)펠라기우스주의와 비슷한 주장을 하는 알미니안주의가 등장을 합니다. 이들은 1618-1619년 네델란드의 돌트(Dort)회의에서 이단으로 정죄됩니다. 이처럼 원죄의 문제, 곧 완전한 타락(인간 스스로 하나님을 찾을 수 없는 상태)의 문제는 많은 논쟁을 일으켰습니다.

셋은 곧 아담과 같이 원죄를 가지고 태어난 존재였습니다. 노아 홍수 이후 모든 인류는 아담, 셋, 노아로 이어지는 한 혈통입니다. "인류의 모든 족속을 한 혈통으로 만드사(행17:26)"라는 말씀이 있습니다. 모든 인류는 원죄로부터 자유로울수 없다는 너무나 평범하지만 중요한 교리입니다.

✚ 전능하신 하나님.

기본적으로 900세 이상을 살던 홍수 이전 시기에 365세 밖에 살지 못한 사람이 있었습니다. 그런데 성경은 그가 이 세상에서 365년 밖에 살지 못했지만 죽음을 맛보지 않은 두 사람(에녹과 엘리야)중 한 사람으로 기록하고 있습니다. 모든 사람이 죽고 죽던 시절 그는 셋 계열의 후손으로 하나님과 동행했고 하나님께서 그를 데려가시므로 세상에 있지 아니하였더라고 성경은 기록하고 있습니다. 창조주이신 전능하신 하나님은 하나님과 동행했던 믿음의 사람인 에녹을 이 땅에서 하늘로 데리고 올라가셨습니다. 인간에게는 불가능한 일입니다. 그러나 전능하신 하나님은 하실 수 있었습니다.

모세는 짧지만 강력한 에녹의 이야기를 통해서 이스라엘 백성들에게 무슨 이야기를 하고 싶었을까요? 이스라엘 백성들이 창조주이신 전능하신 하나님을 신뢰하고 하나님과 동행하면, 우리의 힘으로는 가나안을 점령할 수 없지만 하나님께서는 능히 하실수 있다라는 사실을 선표하고 있습니다.

3) 홍수사건

가인은 동생 아벨을 죽인 징벌로 "…땅에서 피하며 유리하는 자(창4:12)"가 되어야 했습니다. 그러나 그는 에덴의 동쪽에 성을 쌓아 이 징벌을 피해보려고 했습니다. 하나님을 하나님으로 인정하지 않던 가인과 그의 후손들은 하나님을 대적하는 세상의 문화를 만들었습니다. 청지기인 인간이 창조주이신 하나님을 창조주로 인정하지 않고, 인간중심의 문화를 만들었고 이러한 인간 중심의 문화는 셋의 후손들에게도 큰 영향을 미쳐, 홍수 심판을 불러일으키는 원인이 되었습니다.

홍수의 원인은 인간의 타락이었습니다. 하나님께서는 자신의 신분을 잊어버리고 모든 것을 자기 자신 중심적으로 바꾼 타락한 인류를 심판하시기로 작정하셨습니다. 그리고 그들에게 회개의 기회를 주셨습니다. 그러나 인류는 하나님께서 주신 그 회개의 기회를 무시했습니다. 당시의 사람들은 자신들이 경험해보지 못했던 홍수의 예고를 믿지 못했습니다. 방주를 제작하는 노아를 비웃었습니다.

그러나 전능하신 하나님은 하늘에서 비를 내리시고 땅의 샘들이 터지게하시므로 홍수로 죄악이 가득한 타락한 세상을 멸하셨습니다. 그러나 그 심판 가운데서도 언약에 신실한 하나님은 자신의 구원 계획을 이루어 나가시고 계셨습니다. 이것이 노아의 가족이 구원을 받을 수 있었던 이유입니다. 전능하신 하나님께서 홍수로 타락한 인류를 심판 하신 이 홍수 이야기가 당시 이스라엘 백성들에게는 어떤 의미로 다가왔을까요?

✚ 홍수의 과정

1. 홍수의 광고(창7:4) – 노아 600세 2월 10일
2. 홍수시작(창7:11) – 노아 600세 2월 17일
3. 40일 동안 내린 비 멈춤(창7:12) – 노아 600세 3월 27일
4. 비가 내린지 150일후 물이줄기 시작(창8:3) 노아의 방주 아라랏 산에 머뭄(창8:4) – 노아 600세 7월 17일
5. 산봉우리가 보이기 시작함(창8:5) – 노아 600세 10월 1일
6. 까마귀와 비둘기를 보냄(창8:6–7) – 노아 600세 11월 10일

7. 비둘기를 보냄 감람나무 잎사귀 물고 옴(창8:10-11)

- 노아 600세 11월 17일

8. 비둘기를 다시 보냄-돌아오지 않음(창8:12)

- 노아 600세 11월 24일

9. 물이 마름(창8:13) - 노아 601세 1월 1일

10 방주에서 나옴(창8:14) - 노아 601세 2월 27일

노아의 가나안 저주 사건

노아가 홍수 이후 포도나무를 심고 포도주를 마신 후 취해 벌거벗고 잠든 사건이 발생했습니다. 함이 노아가 벗고 잠든 것을 보고 셈과 야벳에게 이야기했고, 셈과 야벳은 뒷걸음으로 들어가 아버지 노아의 하체를 가렸습니다. 이 사건으로 인하여 노아가 가나안을 저주하는 사건이 일어납니다. 이 사건은 홍수이후 노아의 여러 가지 행적들 가운데 유일하게 기록된 사건입니다. 왜 이 사건이 기록되어 있을까요? 노아는 왜 하체를 본 함을 저주하지 않고 가나안을 저주(창9:25)했을까요? 좀 이상하지 않습니까?

모태신앙인 필자는 어려서부터 교회에서 “함의 후손은 흑인이고, 노아가 함을 저주했기에 그 저주의 결과로서 흑인들은 당연히 백인들의 노예가 되어야 했다. 그런데 하나님의 사람인 아브라함 링컨에 의해서 흑인 노예들이 해방되었다.” 이런 설교를 수 없이 들으며 자랐습니다. 그래서 흑인들을 좀 무시하는 생각을 가지고 있었습니다. 그런데 흑인이 백인의 노예가 되어야 하는 것이 성경의 진정한 가르침이라면, 흑인의 해방을 위해서 노력했던, 윌리암 윌버포스, 어메이징 그레이스의 작사가 죤 뉴톤, 어쨌든 노예를 해방시킨 링컨, 이들은 모두 하나님의 말씀을 대적한 사람들이 아닐까?라는 생각을 해보았습니다. 그런데 이들은 노아께서 하신 ‘종들의 종이 되기를 원한다’ 고 한 저주를 풀려고 노력했고 결국 풀어 흑인 노예를 해방시켰습니다. 그런데 대부분의 그리스도인들은 이런 사람들을 존경합니다. 뭔가 모순된 부분들이 보이지 않습니까?

“단숨에 성경을 꿰뚫는 즐거운 성경 66권 탐구”(유진소 지음. 두란노) 84쪽을 보면 “다음 날 노아가 이 사실을 알고 화가 나서 함을 저주했습니다. 그런데 여기서 함이 아버지의 벗은 것을 보았기에 저주받았다고 얘기한다면 이것은 성경을 잘못 본 것입니다. 제가 제 아들하고 목욕탕에 가끔 가는데 목욕하고 나오자마자 제 아들보고 "너는 아버지의 하체를 보았으니 저주를 받아라."고 해야겠습니까?" 그러나 "레위기18장에서 "네 이모의 하체를 범하지 말라 이는 네 어미의 하체임이니라"고 했는데 여기서 하체라는 말은 성적 범죄를 뜻 합니다" 이렇게 적고 있습니다.

과연 그럴까요? 유진소씨의 논지가 맞는 것일까요? 레위기 18장9절에 "너는 네 자매 곧 네 아버지의 딸이나 네 어머니의 딸이나 집에서나 다른 곳에서 출생하였음을 막론하고 그들의 하체를 범하지 말지니라." 고 했습니다. 그럼 이복누이를 아내로 취한 아브라함은 왜 저주를 받지 않았을까요? 레위기 18장18절 "너는 아내가 생존할 동안에 그의 자매를 데려다가 그의 하체를 범하여 그로 질투하게 하지 말지니라." 했습니다. 그런데 야곱은 레아와 라헬 자매를 동시에 아내로 취했습니다. 또 자기 고모 요게벳과 결혼한 모세의 아버지를 정죄하지 않고 있습니다.

시내산 언약 이후에 주어지는 율법(사회적인 윤리 도덕법)으로 시내산 율법이 주어지기 전의 도덕적인 행위를 판단하는 것은 모순입니다. 지금 대한민국의 법률로 조선시대의 사회현상을 판단하는 행위와 같습니다.

“여기서 하체라는 말은 성적 범죄를 뜻합니다.”라는 주장에도 많은 문제가 있습니다. 첫째, 성경을 보면 함이 아버지의 하체를 보고 그 형제들에게 말했습니다. 성경 그 어디에도 성적 범죄를 저질렀다는 근거가 없습니다. 둘째, 유진소씨의 책에서 기술된 내용의 사실이 틀렸습니다. 아버지의 하체를 본 사람 곧 성적 범죄를 저지른 사람이 함이기에 당연히 함이 형벌을 받거나 저주를 받아야 합니다. 그런데 왜 노아는 가나안을 저주했을까요? 창세기10장6절을 보면 가나안은 함의 아들 가운데 마지막인 네 번째로 그 이름이 기록되어 있는 걸로 보아 넷째 아들이 가능성이 아주 높습니다. 장남도 아닌 넷째 아들 가나안이 아버지가

지은 죄 때문에 저주를 받았습니다. 좀 많이 이상합니다.

그런데 유진소씨의 책을 읽었거나 강의를 들은 사람들은 어떻게 생각했을까요? 위의 잘못된 내용들을 성경에서 찾아 점검해 보았을까요? 아님 그대로 믿어 버렸을까요? 성도들은 기본적으로 성경 강의나 설교를 들으면서 목사님이 나보다는 전문가이시니, 맞겠지?라고 하면서 받아들이는 경향이 있습니다.

문학을 전공한 친구는 노아가 가나안을 저주한 사건을 공부하면서 "글의 흐름상 노아가 가나안을 저주한 사건은 좀 생뚱맞다."는 표현을 했습니다.

노아가 가나안을 저주한 이 사건은 창세기 기록 목적의 관점에서 볼 때에만 그 해석이 가능합니다. 여호수아가 가나안을 정복할 때 기브온 성에 사는 히위족속과 이스라엘이 화친한 사건을 통해서 성취되기 시작하고, 솔로몬에서 완전히 이루어집니다.

기브온 성은 큰 성이고 사람들도 강했는데(수10:2) 주민들은 여호수아가 여리고 성과 아이 성에서 행한 일을 듣고

(수9:3) 자신들의 생존을 위하여 화친대표단을 꾸렸습니다. 이스라엘 백성들에게 최대한 멀리서 온 것처럼 보이게끔 준비를 하고, 길갈에 가서 화친을 제안합니다. 그런데 여호수아의 대답은 너희가 가나안 땅에 거주하는 듯하니, 화친을 못하겠다고 했습니다. 그러자 그들은 여호수아에게 말하길 "우리는 당신의 하나님 여호와의 이름으로 말미암아 심히 먼 나라에서 왔사오니 이는 우리가 그의 소문과 그가 애굽에서 행하신 모든 일을 들으며 또 그가 요단 동쪽에 있는 아모리 사람의 두 왕들 곧 헤스본 왕 시혼과 아스다롯에 있는 바산 왕 옥에게 행하신 모든 일을 들었습니다.(수9:9-10)" 이렇게 말하고 이스라엘과 화친조약을 맺습니다.

화친 조약 후 3일이 지나서 기브온 사람이 가나안 땅에 거주하는 가나안 사람임을 알았습니다. 그런데 이미 화친 조약을 맺었기에 어찌할 수 없었습니다. 그래서 이스라엘은 히위족속인 기브온 사람들을 여호와의 회막에서 물을 긷고 나무를 패는 종으로 삼았습니다. 여호수아가 기브온 사람들에게 말하길 “너희가 우리 가운데에 거주하면서 어찌하여 심히 먼 곳에서 왔다고 하여 우리를 속였느냐? 그러므로 너희가 저주를 받나니 너희가 대를 이어 종이 되어 다 내 하나님의 집을 위하여 나무를 패며 물을 긷는 자가 되리라” (수9:22-23)고 했습니다. 바로 창세기9장 25절에서 노아가 “가나안은 저주를 받아 그의 형제의 종들의 종이 되기를 원하노라”라고 한 사건이 처음으로 이루어진 순간입니다. 기브온 사람은 히위족속

이고, 히위는 가나안의 아들입니다. (참고, 창10;15-20)

여호와 하나님의 군대 곧 이스라엘의 군대가 기브온을 대신해서 이스라엘과 화친했다고, 기브온을 공격하려는 가나안의 연합군대와 전쟁을 합니다. 이 전쟁에서 태양이 머무는 인류 역사 초유의 사건이 발생을 합니다.(수10장)

이스라엘 백성들은 가나안 땅과 가나안 족속을 단숨에 점령하지 못했습니다. 그러나 노아가 가나안을 저주한 이 사건은 다윗시대를 거쳐 솔로몬이 성전과 왕궁과 이스라엘의 여러 성을 건축할 때 완전히 성취됩니다. “이스라엘

자손이 아닌 아모리 사람과 헷 사람과 브리스 사람과 히위 사람과 여부스 사람 중 남아 있는 모든 사람 곧 이스라엘 자손이 다 멸하지 못하므로 그 땅에 남아 있는 그들의 자손들을 솔로몬이 노예로 역군을 삼아 오늘까지 이르렀다" (왕상9:20-21절)

여호수아의 이름의 뜻이 구원 곧 예수님의 이름과 같은 뜻이고 솔로몬이 평화의 왕으로 두 사람 다 예수님을 예표합니다. 여호수아는 가나안을 정복해 나가는 과정의 관점에서 그는 초림의 예수님의 예표입니다. 여호수아의 인도 아래 진행된 가나안 정복은 예수 그리스도의 초림으로 이 땅에서 시작되어 확장되어가는 하나님 나라의 예표입니다. 그리고 솔로몬은 예수님의 예표인 성전을 건축하고 태평성대를 이루었다는 관점에서 재림의 예수님을 예표 합니다. 노아의 저주는 초림의 예수님을 예표하는 여호수아에서 시작하여 성전을 건축한 재림의 예수님을 예표하는 솔로몬에서 완성이 됩니다.

구속사의 관점에서 노아의 가나안 저주 사건은 이 땅에

임한 하나님 나라에서 적그리스도의 세력과 택함 받은 백성들이 어떻게 되어져 가는지를 예표해 주고 있는 사건입니다. 진리의 복음을 듣고 믿는 자는 구원을 받지만 믿지 않는 자는 하나님의 독생자를 믿지 않았기에 이미 심판을 받은 것입니다. 기브온 사람들의 신앙 고백(수9:24)은 라합 (수2:9-11)의 신앙고백과 비슷합니다.

기브온 사람들이 이스라엘 백성의 개인의 종이 된 것이 아니라 시내산에서 제작한 여호와의 회막 곧 이동식 성전에서 물을 긷고 나무를 패고 청소를 하는 종이 되었습니다. 솔로몬이 일천번제를 드렸던 산당이 있는 곳 기브온, 바로 그곳입니다.

노아가 가나안을 저주한 사건은 기록 목적과 구속사적인 의미에서 큰 의미를 가진 사건이며 깊이 연구되어야 할 부분입니다. 우리 인류의 조상이신 노아께서 가나안을 저주하셨습니다. 이것은 곧 당시 하나님의 대리자적 권위를 가진 족장의 권위로 한 저주는 곧 하나님께서 하신 저주와 동일한 저주입니다.

하나님께서 모세를 통해서 이스라엘 백성들에게 왜 노아의 가나안 저주 이야기를 하셨을까요? 이 사건은 창세기의 기록 목적을 정확히 이해하지 못하면 그 답을 찾을 수가 없습니다. 모세는 노아가 가나안을 저주한 이 생뚱맞은 사건을 통해 애굽에서 노예 생활을 하고 있는 이스라엘 백성들에게 강력하게 선포하고 있습니다. 우리 인류의 조상이신 노아 할아버지께서 가나안 족속을 우리의 노예로 주셨기에, 애굽을 탈출해서 가나안 땅을 정복하고 저항하는 가나안 족속을 멸절시키고 항복하는 가나안 족속은 하나님 나라와 하나님의 군대의 종으로 만들어야 한다고 말입니다. 가나안 땅의 약속 성취에 대한 더 구체적인 내용은 창세기15장13-21절까지에 기록되어 있습니다.

4) 바벨탑사건

홍수로 지구를 심판하셨던 하나님은 홍수 이후 노아와 노아의 가족으로 대표되는 전 인류와 무지개 언약을 하사하셨습니다. 그 대상은 노아와 노아의 모든 후손 그리고 땅의 모든 생물입니다. 내용은 다시는 홍수로 이 지구를 심판하시지 않겠다는 것이었습니다. 그 언약의 증거가 무지개였고 이 언약의 유효 기간은 영원한 것이었습니다. (창9장)

당시의 인류는 왜 바벨에다가 탑을 쌓았을까요? 그 대답은 하나님의 말씀 곧 무지개 언약을 믿지 않았기 때문입니다. 홍수 이야기를 듣고 자란 노아의 손자와 그 이후 세대들은 이 무지개 언약을 믿지 않았습니다.

신라의 수도였던 경주에 가면 분황사 3층탑이 있는데, 돌을 깎아서 벽돌 형태로 만들어 쌓아 올린 모전탑(模塼塔)입니다. 한국 불교의 탑은 대부분 돌탑인데 전탑 혹은 모전탑이 간혹 있습니다. 이것은 중국의 영향을 받은 것이라고 합니다. 한국 불교에 돌탑이 많은 이유는 한국에 돌이 많기 때문입니다. 2014년 2월 섬서성 서안에 가족들과 함께 여행을 갔습니다. 필자를 닮아 역사에 관심이 많은 아들이 가야할 곳을 적어 놓았는데, 그 가운데 현존하는 전탑 중 가장 높은 탑인 숭문보탑(崇文?塔)이 섬서성 서안

옆 함양이라는 곳에 있었습니다. 마침 중국 친구의 집도 바로 옆에 있고 해서 한번 가 보았습니다. 그리고 서안에 있는 대안탑과 소안탑을 멀리서 보았습니다. 모두 전탑이었습니다. 섬서성 서안과 함양지역을 여행하면서 당시 사람들이 왜 돌로 탑을 쌓지 않고 벽돌로 탑을 쌓았는지 이해가 되었습니다. 서안 일대는 황토 지역으로 돌을 구하기가 매우 힘든 지역이었습니다. 그래서 이들은 흙으로 벽돌을 구워 탑을 쌓았습니다. 이 양식이 한국에 전파되었습니다. 그래서 한국에도 전탑이 가끔 있습니다.

바벨탑을 쌓았을 것으로 추정되는 메소포타미아 지역에서 돌을 구하기는 쉽지 않았을 것입니다. 왜냐하면 메소포타미아 문명이 강을 따라 비옥한 토지가 있는 곳에서 형성되었기 때문입니다. 설령 돌을 쉽게 구한다고 해도 그 돌을 운반하여 하늘에 닿게 하기까지 탑을 쌓아 올리는 것은 매우 힘들었을 것입니다.

90년대 초에 필자의 친구 가운데 8톤 화물 트럭을 운전하는 친구가 있었는데, 그 친구는 모두 무선호출기(삐삐)

를 사용하던 시기에 카폰을 트럭에 달고 다녔습니다. 필자가 친구에게 물어보았습니다. "카폰을 가지고(몸에 지니고) 다닐 수는 없냐?" "응, 가능해, 배낭에 넣어서 둘러메고 다니면 가능해!"라는 답이 돌아왔습니다. 그런데 현재의 시점에서 카폰을 보면 어떤가요? 대부분의 사람이 최첨단 스마트 폰을 가자고 다니는 시대에 카폰을 달고 다니는 사람을 본다면 유치해 보일 것입니다. 그러나 90년대 카폰은 그 시대에서는 그것이 유치한 기술과 문명이 아니라 최첨단 기술이고 최첨단 문명이었습니다. 이와 같이 벽돌을 만들고 그것으로 탑을 쌓는 건축술이 21세기의 관점에서 본다면 유치한 문명과 기술일 수 있겠지만, 당시로서는 아주 혁신적이고 선진적인 기술이었습니다.

선진과학 문명이 현대인의 삶과 생각을 바꾸어 놓듯이 불을 이용해서 돌을 만들 수 있는 기술은 바벨탑을 쌓을 당시 사람들의 삶과 생각을 바꾸어 놓기에 충분했습니다. 그들은 진흙과 불을 사용해서 돌처럼 단단한 벽돌을 만들고, 방주를 만들 때 사용되었던 역청을 사용한 방수 기술을 이용하여 홍수에도 내구성을 가진 방수탑을 쌓았습니다. 그 탑의 목표는 하늘에 닿는 것이었습니다. 이들은 자신들의 신기술의 능력을 과신했습니다. 다시 홍수가 발생한다 해도 그 홍수를 극복할 수 있는 대책을 만든 것이었습니다. 자신들이 개발한 당시의 첨단 기술을 이용하면 하나님께서 다시 홍수 심판을 해도 심판을 피할 수 있다고 생각했습니다. 극도의 불신앙적인 행동이었습니다. 마치 유전자공학의 발달로 인하여 인간이 영원한 생명을 얻을 수 있다고 착각하는 것과 아주 유사한 생각입니다. 노아의 후손들은 하나님의 언약을 불신했고 하나님은 그들을 징계하셨습니다. 그 결과 언어의 혼잡과 민족이 나뉘게 되었습니다.

모세는 바벨 사건을 통해서 이스라엘 백성들에게 인간들이 하나님의 말씀을 분순종하고 하나님의 주권과 창조주 되심을 인정하지 않더라도 하나님은 여전히 우주의 주권자이시며 심판주라는 사실을 말하고 있습니다. 그리고 데라의 가족을 우르지방에서 부르시는 사건을 통해서 하나님은 하나님 자신의 일(창3:15)을 지속적으로 진행시키시고 계신다는 사실을 말씀하시고 계십니다.

창세기는 이러한 일련의 사건들을 통해서 이스라엘 백성들에게 던지는 메시지가 있습니다. 언약에 신실하신 하나님은 이스라엘 백성들이 창세기15장의 횃불 언약을 불신하더라도 결국 언약을 성취하실 것이며, 그 언약을 불신하는 사람은 능히 징계하실 수 있는 하나님이심을 선포하시고 계십니다.

하나님의 말씀(무지개 언약)을 불순종하고, 자기들의 왕국을 건설할 때 하나님의 징계로 언어가 혼잡해지고 민족이 나뉘게 되는 사건이 발생했습니다. 그런데 오순절 성령강림 사건으로 언어가 통일되는 사건이 일어납니다(행2:1-12). 많은 지역의 사람들이 갈릴리 출신인 예수님의 제자들이 하는 설교를(행2:7) 들을 때 각각 자기의 방언으로 듣는 사건(행2:6)이 일어납니다. 이 사건은 오순절 성령 강림으로 하나님 나라가 이 땅에 임했고 예수 그리스도 안에서 모든 사람이 하나님 나라의 백성이 되었다는 사실을 선포하고 있는 사건입니다.

웨인 그루뎀은 그의 조직신학 교회론에서 사도행전2장의 사건을 "천국에서 있을 언어의 통일을 미리 맛보게 되는" 사건이라고 소개하고 있습니다.

Ⅲ. 3대 족장

창세기12-50장까지는 3대(代) 족장에 관한 기록들입니다. 많은 사람들이 요셉을 포함해서 4대 족장이라고 합니다. 그러나 요셉이 중요한 인물임에는 틀림없으나 하나님은 요셉과 후손과 땅에 대한 언약을 맺은 적이 없습니다. 그래서 요셉은 족장이 될수 없습니다. 하나님의 언약의 대상이 된다는 것은 이스라엘 전체의 대표를 뜻합니다.

하나님은 3대족장인 아브라함과 이삭과 야곱에게 자신을 전능하신 하나님, 보호자이신 하나님이심을 계시하시고 또 언약의 부분에서는 언약을 반드시 지키시는 신실하신 하나님이심을 선포하시고 계십니다.

III-1. 아브라함

하나님께서는 우르지역 지금의 이라크에 거주하며 우상을 숭배했던 데라의 일가족을 부르셨습니다.(참고, 수24:2) 그리고 하란을 거쳐 가나안 땅으로 가게 하셨습니다. 그런데 어쩐 일인지 데라 가족은 하란에 머물렀습니다. 그리고 데라는 250세에 하란에서 세상을 떠났습니다. 그리고 아브라함은 하란을 떠나 가나안 땅으로 들어갔습니다. 그때 아브람의 나이가 75세였으니(참고, 창12:4) 우르를 떠날 때는 75세보다 젊은 나이였던 것은 확실합니다. 그리고 데라의 가족이 우르를 떠날 때 하나님께서 그를 어떤 방법으로 부르셨는지에 대해서는 성경이 침묵하기에 알 수가 없습니다. 환상, 꿈. 직접 말씀하심 이 모두 다 가능한 방법이었을 것입니다. 그러나 분명한 것은 다른 신을 섬기던 데라의 가족을 부르셨습니다.

하나님께서 아브람의 가족을 부르시고 가나안 땅으로 인도하신 가장 중요한 이유는 하나님의 자기 계획(창3:15)

을 이루시기 위함이었습니다. 땅의 모든 족속이 너로 말미암아 복을 받을 것이다(창12:3)는 말씀을 통해서 어렴풋이나마 여인의 후손이 아브라함의 후손을 통해서 올 것이라는 것을 예측할 수 있습니다. 아직 부부사이에 자녀가 없는 아브람에게 하나님은 가나안 땅을 네 후손에게 주시겠다고 언약하셨고 아브람은 그런 언약을 하신 하나님께 제단을 쌓았습니다.(창12:7) 그리고 가나안 땅에 기근이 들자 아브람은 그 기근을 해결하기 위해서 가나안 땅을 벗어나 애굽으로 갔습니다. 아브람은 기근을 해결하기 위해서 하나님의 뜻을 구하지 않았고 자기 생각을 기준으로 판단하고 행동했습니다. 그 결과 그는 실패를 경험하게 됩니다.

가나안에 들어온 '아브람의 가정' 이라는 말을 들으면 어떤 그림이 떠오르십니까? 별로 크지 않은 단출한 가정일 것이라고 생각합니다. 그러나 아브람의 가정엔 집에서 길리운 훈련된 자가 318명이나 있었습니다.(창14:14) 이들이 결혼을 했다면 최소 남녀가 600명 정도 되고, 그리고 이들의 가정에 자녀가 1명씩있다면 최소900명이상의 식구가 있었습니다. 그리고 롯의 가족과 목자들도 있었습니다. 이들의 생계를 책임져야하는 지도자의 입장에서 기근이 들자 생계를 위해서 애굽으로 내려간 행동이 인간적으론 충분히 이해가 됩니다. 그러나 하나님의 뜻은 아브람이 양식을 해결하러 애굽으로 가는 것이 아니었습니다. 전능하신 하나님은 기근이 있는 가나안 땅에서도 아브람의 대가족을 능히 먹여 살릴 수 있는 분이십니다. 그런데 아브람은 전능하신 하나님을 신뢰하지 못하고 인간적인 방법을 택하므로 처참한 실패를 경험하게 됩니다.

하나님은 창세기12장의 아브람의 실패를 통해서 이스라엘 백성들에게 말씀하시고 있습니다. "너희 조상 아브라함을 보아라! 전능한 하나님인 나를 신뢰하지 못하고 자기의 생각으로 기근을 해결하기 위해 애굽으로 내려갔고 거기서 자기 아내 사래를 파라오에게 줘버리는 일을 하고 말았다. 그러나 나는 나의 계획을 성취하기 위해서 아브람과 사래를 보호해 주었다. 너희는 너희의 생각대로 하지 말고 전능하고 언약에 신실한 하나님인 나를 믿고 따르라"라고 말입니다.

✚ 믿음으로 선택권을 양보한 아브람

애굽에서 올라온 아브람은 하나님의 은혜로 부자가 되었습니다. 그리고 처음 가나안 땅에 들어왔을 때 제단을 쌓았던 곳 세겜에 제단을 쌓고, 여호와의 이름을 불렀습니다. 요즘 말로하면 예배를 드렸다는 의미일 것입니다. 그런데 이 세겜 땅에서 사고가 발생했습니다. 아브람의 목자와 롯의 목자가 목초지와 물 때문에 서로 다투기 시작했습니다. 그래서 아브람은 롯에게 서로 갈라지자 라는 제안을 합니다. 그리고 우선 선택권을 롯에게 양보를 합니다. 그러자 롯은 물이 넉넉한 요단지역을 선택했습니다. '여호와의 동산 같고 애굽 땅과 같았다' (창13:10)라고 표현한 것을 보면 물이 많고 목초지가 풍부하여 목양에 좋은 땅이었던 것 같습니다. 그러나 우선 선택권을 양보한 아브람에게는 선택의 여지가 없었습니다. 약속의 땅인 가나안 땅을 택할 수밖에 없었습니다.

여호와 하나님께서는 롯이 떠나고 가나안 땅에 남은 아브람을 찾아 오셨습니다. 그리고 하나님은 '이 땅을 너와 네 자손에게 주시겠다.' 고 언약하셨습니다. 하나님께서 처음으로 가나안 땅을 "너에게 주시겠다."(창13:15)고 말씀하셨습니다. 그리고 재미있는 언약을 하나 더 해주셨습니다. 아직 자녀가 없는 아브람에게 "내가 네 자손이 땅의 티끌 같게 하리니 사람이 땅의 티끌을 능히 셀 수 있을진대 네 자손도 세리라"(창13:16)는 언약의 말씀입니다. 그런데 이 언약이 과연 성취되었습니다. 이스라엘 백성이 출애굽 할 때 장정이 60만 정도가 되었습니다. 이 숫자는 아마 당시 애굽 정부가 이스라엘이 애굽의 대적과 연합을 두려워했기에 이스라엘을 통제하기 위한 목적과 노동력 착취를 위해서 파악한 숫자일 것입니다. 그리고 민수기에서 두 번의 인구 조사로 이 언약이 성취됩니다.

하나님의 언약을 믿고 우선 선택권을 포기한 아브람에게 하나님께서 찾아 오셔서 땅에 대한 언약을 재확인시켜

주셨고 또 후손에 대한 언약도 주셨습니다. 반면, 롯은 하나님의 언약을 떠나 세상의 성공과 물질의 풍부를 좇아갔습니다. 전쟁 포로가 되어 숙부인 아브람의 도움으로 구출되는 실패를 경험했지만, 그는 실패를 통해서 배우지 못했고, 지속적으로 그 죄악 된 소돔에서 계속 거주했습니다. 잠시 성공하는 것 같았지만, 소돔 멸망의 날에 모든 것을 잃고, 결국 실패하는 인생이 되었습니다.

✚ 횃불언약

엘람 왕 그돌라오멜과 고임 왕 디달과 시날 왕 아므라벨과 엘라살 왕 아리옥 네왕의 연합군대가 소돔을 공격해서 아브람의 조카 롯이 포로로 잡아갔습니다. 그러자 아브람이 조카 롯을 구하기 위해 집에서 길리고 훈련된 318명의 군사를 데리고 밤에 기습 공격하여 롯을 구하고, 빼앗겼던 재물을 되찾아(창14:14-16) 왔습니다. "이 후에 하나님의 말씀이 환상 중에 아브람에게 임하시어 두려워 말라. 나는 네 방패요. 지극히 큰 상급이니라."(창15:1)라고 말씀하셨습니다. 이 말씀으로 미루어보아 아브람은 롯을 구하기 위한 전쟁에서 비록 승리를 했지만 그는 두려워하고 있었음을 알 수 있습니다. 아브람의 두려움은 아마 이런 두려움이 아니었겠습니까? "나는 우르에서 이주해온 이주민이고 변변한 성(城)도 없이 들에 거주하는 유목민인데, 롯을 구출하기 위해 어쩔 수 없이 야간에 4개국 연합군대를 기습공격해서 이겼지만, 저들이 전열을 정비해서 공격해 온다면 나 아브람은 모든 것을 잃어버릴 수 밖에 없는 상황이구나!" 아브람이 애굽에서 한 행동 곧 자신의 목숨을 부지하기 위해 자신의 아내 사래를 파라오에게 줘버리는 행동을 보면 충분히 이해가 되는 대목입니다. 이렇게 두려워하는 아브람에게 하나님께서 "두려워 말라 나는 네 방패요 너의 지극히 큰 상급이다." 라고 말씀하셨습니다. 이때 아브람의 반응은 "나는 자식이 없습니다. 나의 가업을 이을 혈통이 없습니다."였습니다. 그러면서 지명한 한 인물이 다메섹 사람 엘리에셀이었습니다. 그러자 하나님은 "네 몸에서 태어날 자가 네 상속자가 될 것이다."라고 말씀하셨고 하늘의 별을 보여 주시며 너의 후손이 이렇게 많을 것이다. 라고 말씀하셨습니다. 아브람은 여호와의 말씀을 믿었고 여호와 하나님은 그것을 의로 여겼다.(창15:4-6)고 성경은 기록하고 있습니다.

후손언약 이후 여호와께서 아브람에게 가나안 땅에 대해서 말씀 이렇게 말씀하셨습니다. "나는 이 땅을 네게 주어 소유를 삼게 하려고 너를 갈대아인의 우르에서 이끌어 낸 여호와니라" 그러자 아브람이 "주 여호와여 내가 이 땅을 소유로 받을 것을 무엇으로 알겠습니까?"라고 대답을 했습니다. 롯을 구출한 전쟁 이후 아브람은 아직 가나안 땅이 자신과 자신의 후손의 땅이 될 것이라는 것에 대한 확신이 없었습니다. 그러자 하나님께서 이 땅에 대한 언약이 얼마나 확실한 것인지를 알려 주시기 위해서 아브람에게 언약 체결식을 준비시키십니다. "나를 위하여 삼 년 된 암소와 삼 년 된 암염소와 삼 년 된 숫양과 산비둘기와 집비둘기 새끼를 가져올지니라."(창15:9) 여기서 우리가 자세히 관찰해야할 대목은 "나(여호와)를 위하여"입니다. 곧 이 언약 체결식이 아브람을 위한 것이 아니라 여호와 자신이 얼마나 언약에 충실할 것인지를 보여주는 언약 체결식이었습니다. 여호와 하나님은 이미 몇 차례(창12:1; 12:7; 13:15-17) 에 걸쳐 가나안 땅에 대한 언약을 했지만, 믿음이 연약해져 그것을 믿지 못하는 아브람에게 다시 한 번 그 언약이 얼마나 철저하게 지켜질 것인지를 알게 하시기 위해 언약 체결식을 준비하게 하셨습니다.

아브람은 언약 체결식을 준비하고 기다리고 있었습니다. 그런데 솔개가 날아와 제물을 먹으려고 했습니다. 그러자 아브람은 솔개를 쫓았습니다. 고대 사람들은 솔개나 새들이 신(神)의 사자(使者) 곧 신과 인간을 연결하는 존재로 생각했던 경우가 많습니다. 새들이 사자(死者)의 영혼을 신에게 데리고 간다는 믿음 때문에 죽은 사람의 시체를 새들의 먹이로 주는 조장(鳥葬)이라는 장례 풍습이 지금도 티벳 지역에는 남아 있습니다.

모태신앙인 필자는 어려서부터 교회에서 아브람에 관한 설교를 많이 들었습니다. 그 중에서도 기억에 남아 있는 것은 창세기15장의 제사에 관한 설교였습니다. 아브람이 새의 각을 뜨지 않아 하나님으로부터 징계를 받았고, 그 결과 이스라엘 백성들이 애굽에서 노예로 400년간 살게 되었다는 설교였습니다. 과연 그것이 맞았을까요? 새를 쪼개지 않은 것에 대한 징계로 아브람의 후손이 애굽에서 400년간 노예 생활을 해야 한다는 것은 성경의 문맥상, 내용상 전혀 맞지 않고 또 새를 쪼개지 않은 것에 대해서 성경은 침묵하고 있습니다.

이 횃불언약 체결식에서 여호와 하나님은 아브람에게 "너는 반드시 알라"라는 말로 이 언약을 반드시 이루고 말 것이라고 강하게 강조하시고 계십니다. 그 약속의 징표로 해가 져서 어두울 때에 연기 나는 화로가 보이며 타는 횃불이 쪼갠 고기 사이로 지나(창15:17) 갔습니다. 중동지역의 뜨거운 태양에 의해서 불이 나서 제물을 태운 것이 아니라 태양이 없는 어두운 저녁에 전능하신 여호와 하나님의 불이 언약의 증거물들을 태우므로 언약이 체결되었습니다.

이는 언약을 지키지 않으면 여호와 하나님이 제물과 같이 된다는 것입니다. 가나안 땅에 대한 언약이 얼마나 철저히 지켜질 것인지 하나님 자신이 스스로에게 다짐한 것을 아브람에게 알리시는 사건이 횃불언약입니다. 그리고 그 언약을 어떻게 성취하시고, 구체적으로 땅의 범위를 말씀하셨습니다.

✚ 횃불언약(창15:12-18)의 내용

제1조. 네(아브람) 자손이 이방에서 객이 된다.(13절)

제2조. 그들(이스라엘 백성)이 섬기는 나라를 내(여호와)가 징벌한다.(14절)

제3조. 큰 재물을 이끌고 나오리라(14절)

제4조. 이방에서 객이 되는 기간은 400년이다(13절).

제5조. 4대만에 이 땅으로 돌아온다./내가 이 땅을 네 자손에게 준다.(16절)

제6조. 땅의 범위는 애굽 강에서부터 유브라데 강까지.(18절)

그런데 재미있는 것은 하나님은 아브람에게 그의 후손이 언제 그리고 어떤 방법으로 이방의 객이 될 것인지에 대해서도 침묵하시고 계십니다. 그러나 하나님은 야곱의 때에 야곱의 아들 요셉을 통해서 이방에 객이 될 것을 준비시키셨고, 야곱의 나이 130세에 이 언약을 성취시키셨습니다. 그리고 이스라엘 백성은 요셉의 사후 애굽에서 급격한 신분의 변화를 겪게 되었고, 애굽 사람들은 이스라엘 백성들을 학대했습니다. 그러나 하나님은 이스라엘을 큰 민족을 이루게 하셨습니다.

하나님은 횃불 언약을 통해서 아브람에게 너의 후손이 이방인의 땅에 거주한지 400년 이후에 이곳으로 돌아올 것이라고 말씀하셨습니다. 이스라엘 백성들이 이 횃불언약의 내용을 읽었을 때 무슨 생각을 했겠습니까? 모세는 이 횃불 언약을 통해서 이스라엘 백성들에게 무슨 이야기를 하고자 하고 있는 걸까요?

출애굽 해야하는 이스라엘 백성들은 이미 애굽에 거주한지 429년이 지나고 430년을 향해 달려가고 있었습니다.

모세의 인도 아래 이스라엘 백성들이 출애굽 했을 때가 애굽에 거주한지 430년 끝나는 날(출12:40-41)이었습니다.

천지를 창조하신 여호와 하나님께서 우리의 조상 아브라함에게 철저하고도 분명하게 언약하셨다. 우리는 이미 400년이 지났고 큰 민족을 이루었기에 애굽을 떠나야 한다 입니다.

모세가 애굽 사람을 죽이고 그것이 발각되어 광야로 도망갔을 때가 이스라엘 백성이 애굽에 거주한지 390년쯤 되는 시기였습니다. 모세가 구전으로 내려오는 횃불 언약의 내용을 알고 있었다고 가정한다면 모세가 애굽 사람을 죽인 사건은 출애굽하기 위해 애굽에 저항한 일종의 출애굽운동이었습니다.

하나님은 횃불언약의 내용 중 "내가 징벌할지며"는 9가지의 재앙을 통해서 성취됩니다. 10번째인 장자죽음 재앙은 애굽 사람들에게만 한정된 것이 아니라 유월절 만찬과 의식에 참가하지 않은 모든 사람에게 해당되는 것이므로 좀 다른 의미를 가지고 있습니다. "그 후에 네 자손이 큰 재물을 이끌고 나오리라"는 말씀은 출애굽기12장35-36절의 말씀을 통해서 성취가 됩니다.

땅의 범위에 대한 "내가 이 땅을 애굽 강에서부터 그 큰 강 유브라데까지 네 자손에게 주노니(창15:8)" 이 언약은 초림의 예수님의 예표인 여호수아가 요단을 건너 여리고를 점령하면서 시작되어 성전을 완공한 평화의 왕 곧 재림의 예수님을 예표 하는 솔로몬 때에 완성(참고, 왕상4:21)이 됩니다.

창세기15장의 횃불 언약은 솔로몬시대까지를 이해하는 뼈대가 되는 아주 중요한 말씀입니다.

✚ 율법과 은혜

가나안 땅에 들어 온지 10년이 되었습니다. 그런데 하나님은 아직 아브람부부에게 자녀를 주시지 않았습니다. 10년 동안 3번(창12:7; 13:15; 15:4)이나 후손에게 가나안 땅을 주시겠다고 언약을 하셨는데 말입니다. 그래서 사래는 하갈을 아브람에게 첩으로 주었는데 그 이유가 "여호와께서 내 출산을 허락하시지 않았기"(창16:2) 때문이었습니다. 아브람부부는 후손의 언약을 이루기 위해서 인간적인 방법을 사용했습니다. 인간적인 방법으로 태어난 이스마엘은 언약의 후손이 되지 못했습니다. 사도 바울은 갈라디아서 4장에서 이 사건을 율법과 은혜로 해석을 하고 있습니다.

하갈을 첩으로 취하고 이스마엘을 낳은 아브람에게 하나님은 13년 동안 침묵하셨고, 아브람 99세에 자신을 전능하신 하나님으로 나타내셨습니다. 그리고 아브람에게 요구하신 것이 완전하라(창17:1)였습니다. 그리고 하나님께서는 아브람 부부의 개명과 할례 언약을 맺었습니다(창17:2-16). 이 할례언약은 후손과 땅에 대한 하나님의 언약의 표징이었습니다.

할례 언약 시 아브람의 생각은 이스마엘이 하나님께서 말씀하신 그 언약의 후손이 되기를 바란다고(창17:18) 하나님께 말씀드렸습니다. 그러나 하나님의 말씀은 이스마엘이 아니라 사라가 낳는 아들(창17:19-21)이 언약의 계승자 되어 가나안 땅의 소유자가 될 것이라고 분명히 말씀하시고 계십니다.

하나님은 이 사건을 통해서 이스라엘 백성들에게 인간의 때가 아니라 하나님의 때를 분명히 말씀하시고 계십니다. 인간적으로 출애굽이 불가능해 보이나 여호와 하나님의 때에 가능하게 하시니 너희는 신실하신 여호와 하나님을 전적으로 신뢰하고 순종해라는 메시지를 던지고 있습니다.

구원은 인간의 의지나 행위로 받는 것이 아니고 오직 하나님의 은혜로 받는다는 것을 말씀하시고 계십니다.

✚ 전능하신 하나님.

창세기17-21장은 전능하신 하나님의 모습을 아브라함의 가족에게 보여주시고 계십니다.

창세기17장의 할례언약은 후손과 가나안 땅에 관한 언약입니다. 그런데 아브람이 99세 사라가 89세이던 시절, 하나님은 아브람에게 전능하신 하나님으로 자신을 계시(啓視)하시고 하나님 앞에서 행하여 완전하실 것을 요구하시며, 언약을 맺으셨습니다. 또 여러 민족의 아버지가 될 것을 말씀하시며 아브람을 아브라함으로 사래를 사라로 개명(改名)하게 하셨습니다. 그리고 사라가 아이를 낳을 수 있는 가능성이 전혀 없던 시절, 하나님께서는 아브라함 후손의 하나님이 되실 것과 가나안 땅을 아브라함 후손의 영원한 기업으로 주실 것을 약속한 언약입니다. 창세기15장 이후 아브람과 사래부부는 아들을 낳기 위해서 많은 노력을 했으나 얻지 못했습니다. 사래의 나이 89세로 이미 월경이 끊어졌으므로 자녀를 생산할 수 있다는 희망이 완전히 사라졌을 때입니다.

전능하신 하나님 시즌1입니다.

전능하신 하나님은 할머니가 된 사라에게 아들을 낳게 하셨습니다. 창세기17장과 18장 공히 사라가 아들을 낳을 것이라는 하나님의 말씀과 이것을 받아들이지 못하는 아브라함(창17:17-18)과 사라(창18:12)의 모습이 묘사되고 있습니다. 그런데 "여호와께서는 능하지 못한 일이 있겠느냐?(창18:14)"는 말씀을 하셨고, 전능하신 하나님은 구체적으로 언제 아브라함의 아내 사라가 아들을 낳을 것을 말씀하셨습니다. 또 그 아들의 이름을 이삭이라고 지어주셨습니다. 그리고 이삭과 언약을 체결하실 것을 말씀하시므로 할례언약에서 말하는 언약의 계승자와 가나안 땅의 주인이 이삭과 그 후손임을 명확히 말씀하하고 있습니다.(창17:19) 그리고 창세기 21장10절에서 12절까지에서 다시 한 번 더 가나안 땅을 차지할 언약의 후손이 누구인지를 명확히 밝히시고 있습니다. 그리고 구속사적인 관점에서는 창세기3장15절의 여인의 후손이 이삭의 후예를 통해서 오실 것임을 말씀하시는 것입니다.

과연 1년 뒤 사라는 아들을 낳았습니다(창21:1-2). 인간의 능력으로 가능한 일이었습니까? 인간의 능력으로는 절대 불가능한 일이 일어났습니다. 이것이 하나님의 전능입니다. 그리고 인간의 상식을 뛰어 넘어 아브라함에게 하신 말씀을 성취하시는 신실하신 하나님을 나타내시고 있습니다.

창세기를 읽은 당시 애굽에서 노예생활을 하던 이스라엘 백성들은 무엇을 느꼈을까요? 지금 애굽의 노예 신분인 이스라엘 백성들이 출애굽 하는 일이 쉽겠습니까? 아니면 월경 없는 할머니가 아들을 낳는 것이 쉽겠습니까? 지금 창세기를 읽고 있는 이스라엘의 백성의 하나님은 어떤 하나님이십니까? 모세는 이스라엘의 조상들이 겪었던 일들과 언약을 통해서 우리를 출애굽시키실 하나님은 전능하시고 언약에 신실하신 여호와 하나님이시라는 사실을 강조하고 있습니다.

전능하신 하나님 시즌2입니다.

소돔을 멸하시는 하나님이십니다. 당시 소돔은 아주 타락한 도시였습니다. 동성연애가 만연한 사회였고 18장의 아브라함의 기도에 근거해서 보면 의인 10명이 없어 멸망당한 도시였습니다. 18장에서 말하는 의인은 특별은총적인 하나님을 잘 믿는 의인이 아니라 일반은총적인 윤리도덕적으러 착한 사람일 것 입니다. 당시 소돔의 인구가 얼마인지는 알 수 없으나 착한 사람 10명이 없을 정도로 타락한 도시였습니다. 하나님은 이 도시를 심판하셨습니다. 그런데 갑작스러운 심판이 아니라 아브라함에게도 미리 알리셨고 또 롯의 가족에게도 미리 알린 예고된 심판이었습니다. 그리고 하나님은 예고에 따라 소돔을 심판하셨습니다. 그런데 심판의 방법이 하늘에서 유황과 불을 비 같이 내려(창19:24) 심판하셨습니다. 도대체 하나님이 어떤 분이시기에 심판을 예고하시고 그 예고대로 심판을 하실 수 있단 말인가?입니다. 인간들 중에 그 누가 이런 일을 할수 있단 말인가? 신들중 어떤 신이 이런 일을 할수 있단 말인가?입니다. 하나님은 인간이 할 수 없고 다른 신들이 할수 없는 일을 하실 수 있는, 그리고 우리의 상상을 초월하시는 전능하신 분이십니다. 하나님은 아브라함에게 소돔의 심판을 예고하셨고 그대로 시행하셨습니다. 하나님의 경고를 농담으로 여겼던 롯의 사위들과 경고를 무시하고 뒤를 돌아보았던 롯의 아내는 결국 심판을 받았습니다.

전능하신 하나님 시즌3입니다.

아비멜렉으로부터 아브라함의 가정을 보호하시고, 아비멜렉의 가정의 모든 태를 닫아버리신 하나님 그리고 아브라함의 기도로 아비멜렉의 가정의 여인들을 치료하신 하나님이십니다. 창세기를 공부할 때 AC국 친구가 물었습니다. 창세기20장의 시간적 배경이 얼마나 긴지? 그리고 태를 닫고 출산하는 일은 시간이 걸리는 일인데 이해가 잘 가지 않는다라고 말입니다. 이 질문에 성경은 명확한 답을 하진 않지만 충분히 가능한 추측은 아비멜렉이 사라를 데리고 간 이후 아비멜렉의 가정의 많은 임산부들이 유산 혹은 조산, 사산을 했을 것으로 추정됩니다. 그런데 사라를 돌려보낸 이후 아브라함이 그들을 위해 기도했을 때 유산과 사산을 멈추고…. 이러지 않았을까?라고 생각을 해본다고 말했습니다.

어떤 환경에서도 언약의 사람인 아브라함을 보호하시고, 그에게 해를 가하는 사람을 징계하시는 하나님의 모습을 보면서 이스라엘 백성들은 무엇을 느꼈을까요?

횃불언약에서 하나님께서 아브람에게 "내가 그들이 섬기는 나라를 내가 징벌할지며…(창15:14)"라고 말씀하셨습니다. 하나님께서 반드시 애굽을 징벌할 것이며 그 이후 많은 재물을 가지고 출애굽 할 것을 언약하셨습니다.

모세는 할머니 사라에게 아들을 주신 전능하신 하나님, 소돔을 심판하셨던 전능하신 하나님, 아브라함의 기도로 아비멜렉 집의 태를 고치신 전능하신 하나님은 자신의 언약되로 애굽을 징벌하시고 이스라엘을 출애굽 시키실 것이라는 것을 이스라엘 백성들에게 강력히 말씀하시고, 이스라엘 백성들이 하나님의 언약을 신뢰할 것을 하나님의 말씀에 순종할것을 강력히 촉구하고 있습니다.

창세기22장의 아브라함과 창세기17장18절 이전의 아브라함을 한번 비교해 십시오! 하나님은 아브라함에게 월경 없는 사라의 이삭 출생. 유황 불비가 내린 소돔의 멸망. 아비멜렉 사건 등 이런 사건을 통해서 전능하신 하나님을 경험하게 하시므로 아브라함을 믿음의 대가(大家)로 만들어 가셨습니다.

✚ 여호와 이레

창세기22장은 구속사에서 매우 중요한 곳이며 동시에 기록목적의 관점에서도 아주 중요한 곳입니다. 하나님께서 아브라함의 믿음의 테스트를 통해서 구속사의 중요한 부분을 아브라함에게 알려주십니다. 언약의 후손인 이삭을 대신해서 어린 양이 희생된 대속 죽음을 통해서, 여인의 후손(메시아)을 통한 구속사역이 어떤 형태가 될것인지를 알려주셨습니다. 동시에 하나님께서 제물을 직접 준비하실 것을 나타내고 있습니다. 그래서 아브라함은 그 제단의 이름을 여호와 이레라고 하였습니다. 그리고 이 사건을 통해서 아브라함은 전능하신 하나님을 전적으로 신뢰하는 것을 증명하였습니다. 좋은 믿음의 소유자는 왜곡되지 않은 하나님의 말씀에 근거해서 하나님을 전적으로 신뢰하는 것입니다.

배가 아주 고파서 무엇을 먹을까 고민하며 집에 오니 맛있는 음식이 가득 준비되어 있었습니다. 이럴 때 “여호와 이레”라는 말을 자주 사용합니다. 그런데 이 말을 이런 곳에 사용되어도 되는지 한번 고민해 보셨습니까? '여호와 이레' 라는 말을 이와 같거나 비슷한 경우에 사용하는 것은 그리 적합해 보이지 않습니다. 여호와 이레라는 말은 여호와께서 자신을 위하여 언약 후손을 대신할 속죄제물 곧 언약 백성을 대신해서 죽으실 여인의 후손(예수 그리스도)이 준비 되어질 것이라는 뜻이기 때문입니다.

창세기22장 여호와 이레의 사건에서 우리가 좀 눈 여겨 보아야 할 대목이 있습니다. 바로 22장 5절입니다. "…내가 아이와 함께 저기 가서 예배하고, 우리가 너희에게 돌아오리라."는 말씀입니다. 22장2절에서 하나님은 아브라함에게 이삭을 번제로 드릴 것을 명령하셨습니다. 번제가 어떤 제사입니까? 제물을 죽여서 불에 태우는 제사가 아닙니까? 아브라함은 자신이 이삭을 번제로 드릴지라도 전능하시고 언약에 신실하신 하나님은 번제물로 드려진 이삭을 다시 살리실 것이고, 하나님은 다시 산 이삭과 언약을 체결하실 것이며, 이삭에게 자손을 주실 것이고 또 그 자손의 자손에게 이 가나안 땅을 주실 것이라는 언약을 믿었습니다. 히브리서 기자는 아브라함의 이런 믿음을 이렇게 표현하고 있습니다. "아브라함은 시험을 받을 때에 믿음으로 이삭을 드렸으니 저는 언약을 받은 자로되 그 독생자를 드렸느니라. 저에게 이미 말씀하시기를 네 자손이라 칭할 자는 이삭으로 말미암으리라 하셨으니, 저가 하나님이 능히 죽은 자 가운데서 다시 살리실 줄로 생각한 지라 비유컨대 죽은 자 가운데서 도로 받은 것이니라."(히11:17-19) 전능하신 하나님을 완전히 신뢰할 때 부활 신앙이 가능합니다. 아브라함은 전능하신 하나님을 완전히 신뢰했습니다.

이 사건을 통해 하나님께서는 창세기를 읽고 있는 이스라엘 백성들에게 어떤 메시지를 던지고 있습니까? 너희들이 누구의 후손이냐? 나 여호와가 누구냐? 한번 생각해 보아라는 메시지를 던지면서 너희들의 출애굽은 이미 준비되어 있다는 강력한 메시지를 던지고 있습니다.

"내가 네게 큰 복을 주고 네 씨가 크게 번성하여 하늘의 별과 같고 바닷가의 모래와 같게 하리니 네 씨가 그 대적의 성문을 차지하리라(창22:17)"의 말씀을 통해서 모세는 이스라엘 백성들에게 두 가지를 이야기하고 있습니다.

첫째, "내가 네게 큰 복을 주고 네 씨가 크게 번성하여 하늘의 별과 같고 바닷가의 모래와 같게 하리니"라는 말씀이 성취되었다 사실입니다. 당시 이스라엘 백성은 애굽의 파라오가 두려워할 정도로 번성했습니다.

둘째, "네 씨가 그 대적의 성문을 차지하리라"입니다. 고대의 가나안은 통일된 나라가 아니라 성읍 국가였습니다. 대적의 성문을 차지한다는 표현은 출애굽 할 이스라엘 백성들이 가나안의 성들을 점령할 것을 약속하시는 말씀입니다. 하나님께서 가나안 사람의 성을 우리 이스라엘 백성에게 주셨다는 사실을 말하고 있습니다. 우리에게 가나안 성과 땅을 주신 분은 다름 아닌 천지를 창조하셔서 천지의 주인이신 여호와 하나님이십니다. 그리고 구속사적으로는 예수 그리스도의 강생과 죽음 그리고 부활, 성령 강림으로 이 땅에서 복음전파를 통해 사탄의 나라를 점령하고 하나님 나라가 확장되어져 갈 것을 동시에 말씀하시고 있습니다.

창세기22장18절의 말씀은 구속사에서 아브라함의 후손 중에서 여인의 후손이 오실 것을 재확인 시켜주는 말씀입니다. 여호와 이레의 사건은 구속사와 기록 목적인 출애굽과 가나안 점령을 동시에 말씀하시는 이중적 예언의 형태입니다

✚ 내가 지시하는 땅에서…

하나님은 아브라함의 믿음을 테스트 하시면서 "모리아 땅으로 가서 내가 네게 일러준 한 산 거기서"(창22:2)라고 하셨습니다. 이곳은 나중에 솔로몬에 의해서 예루살렘 성전이 세워지는 곳이며(대하3:1) 이 성전은 예수님을 예표합니다.

내가 원하는 방법과 곳이 아니라 하나님께서 지시하는 방법과 하나님께서 원하시는 방법으로 하나님께 예배해야 합니다. 그리스도인의 모든 신앙생활의 표준은 하나님께서 가르쳐주신 방법이 진정한 표준입니다. 그 표준은 하나

님의 말씀인 성경을 통해서 알 수 있습니다. 그래서 모든 그리스도인들은 성경을 부지런히 읽고 연구해야 합니다.

✚ 막벨라 굴

아브라함의 나이 137세에 사라가 127세로 먼저 하나님의 나라에 갑니다. 이때 이삭의 나이는 37세였습니다. 성경의 여인들 중 죽을 때의 나이가 기록된 사람은 사라가 유일한 여인입니다.

아브라함은 아내 사라의 장지로 헷(Hittites) 사람의 땅에 있는 막벨라 굴을 구입을 합니다. (창23장) 공짜로 사용하라고 하는데도 돈을 지불합니다. 그리고 거기에 사라를 장사 지냅니다. 이곳은 3대 족장과 그 부인들만 장사되는 곳입니다.

고대 유목민들에게는 가(假)매장의 풍습이 있었다고 합니다. 목축을 하다가 누가 죽으면 고향으로 돌아가 장례를 치를 수 없기에 우선 자기가 목축하고 있는 곳에 시신을 묻어 두었다가 고향으로 돌아갈 때 유골을 수습해서 돌아갔습니다. 아브라함이 사라의 무덤을 무료로 사용하게 되면 고향으로 돌아갈 때 유골을 수습해서 가겠다는 의미가 됩니다. 왜냐하면 아브라함은 유목민으로 가나안 땅에 지금 정주(定住)하는 것이 아니라 거류(居留)하고 있었기 때문입니다. 장지를 돈을 들여 매입한다는 것은 돌아갈 곳이 없고 여기가 나의 고향이라는 의미를 가지고 있습니다. 요즘 말로하면 알박기라고 해야 할까요! 이 가나안 땅이 나의 땅이라는 믿음의 행동이었습니다.

아브라함의 일생을 통해서 지금 창세기를 읽고 있는 이스라엘 백성들이 느낀 점은 어떤 것이었을까요? 언약에 신실하신 전능하신 하나님의 언약을 믿고 애굽을 떠나자! 그리고 가나안으로 들어가자! 입니다.

✚ 라반 가족의 리브가 축복

아브라함은 아들 이삭의 배우자를 가나안 족속 중에서 찾지 않고 자기 족속 중에서 찾습니다. 그 이유는 명확하지 않지만, 이삭의 가정에서 헷 족속 에서의 부인들이 이삭과 리브가의 근심이 되었다는 말씀(창26:34-35)에 비추어 유추해 볼 수 있을 것입니다. 며느리 감을 고르러 자기 집의 모든 소유를 맡은 늙은 종을 나홀 성에 보냅니다. 그런데 이삭의 동행을 허락하지 않았습니다. 왜 허락하지 않았는지에 대해서 성경은 침묵하고 있지만 아브라함은 이삭이 언약의 땅인 가나안 땅을 떠나는 것을 좋게 생각하지 않았던 것 같습니다. 아마도 가나안 땅에 기근이 들었을 때 기근을 해결하기 위해 애굽으로 내려간 불신앙적인 행동이 영향을 미치지 않았을까 생각해 봅니다. 그리고 이삭을 위해 하나님의 사자가 이삭에게 가장 적합한 여인을 배필로 예비해 놓았을 것(창24:7)이라는 믿음 곧 하나님을 완전히 신뢰하는 모습을 보여주고 있습니다. 하나님께서는 아브라함의 믿음대로 이삭에게 가장 적합한 여인 리브가를 준비해 두셨습니다.

리브가의 가족들이 리브가를 축복한 문구가 당시의 관용구였는지는 알 수 없으나 축복의 내용은 아주 특이하고 재미있습니다. "우리 누이여 너는 천만인의 어머니가 될

지어다. 네 씨로 그 원수의 성 문을 얻게 할지어다."(창 24:60)입니다. 여호와 이레의 사건으로 하나님께서 아브라함에게 복 주신 내용이 "내가 네게 큰 복을 주고 네 씨로 그게 성하여 하늘의 별과 같고 바닷가의 모래와 같게 하리니 네 씨가 그 대적의 문을 얻으리라"(창22:17)입니다. 한번 비교해 보십시오. 내용이 아주 흡사합니다.

모세는 이 사건을 통하여 과거에는 이스라엘의 조상과 동족(同族)이었지만 지금은 완전 다른 민족이 된 아람족의 조상 라반과 그의 가족도 우리의 조상인 리브가 할머니를 "네 씨로 그 원수의 성 문을 얻게 할지어다."라고 축복했다는 사실을 상기시키면서 출애굽과 가나안 점령의 당위성을 선포하고 있습니다. 물론 이 말씀 역시 창세기22장의 말씀과 같이 가나안의 성을 얻을 것과 구속사적으로 리브가를 통해 여자의 후손이 오실 것이라는 이중적 예언 형태입니다.

III-2. 이삭

이삭은 사라의 나이 90세에 의학적으로도, 생물학적으로도, 도저히 불가능한 상황에서 태어난 약속의 아들입니다. 아브라함이 사라를 통해서 기적적으로 얻은 아들, 하나님의 약속의 아들 이삭인데, 성경에는 이삭에 대한 기사가 많지 않고, 아브라함과 야곱을 연결하는 다리 역할만 하는 것을 볼 수 있습니다.

혹자들은 이삭을 예수님의 예표라고 주장하기도 합니다. 그러나 이삭은 예수님의 예표가 아니라 하나님의 언약의 백성인 그리스도인을 예표하고 있습니다. 여호와 이레의 사건에서 이삭이 죽었어야 했어나, 이삭 대신 수풀에 걸린 숫양이 제물이 되었습니다. 그래서 이삭은 목숨을 유지할 수 있었습니다. 이삭은 예수 그리스도의 대속 죽음으로 생명을 얻은 그리스도인들을 예표하고, 이삭 대신 죽은 양은 언약 백성들을 대신하서 죽으실 예수 그리스도를 예표합니다. 그래서 사도 바울은 "형제들아 너희는 이삭과 같이 약속의 자녀라(갈4:28)"고 말씀하셨습니다.

이삭은 아주 귀하게 태어났지만, 어려서는 13살 많은 이복형인 이스마엘의 구박을 받았습니다. 또 몇 살 때인지 성경이 특정하지 않아서 정확히는 알 수는 없지만, "번제 나무를 가져다가 그의 아들 이삭에게 지우고(창22:6)" 라는 말씀을 보면, 아마도 어느 정도 장성한 청소년시절이었던 것 같은데, 그때 아버지 아브라함에게 죽임을 당할 뻔 했습니다. 그리고 이삭의 나이 37세에 어머니 사라가 127세로 하나님 나라로 갔습니다. 40세에 아버지 아브라함이 찾아준 신부 리브가와 결혼을 합니다. 결혼한지 19년이 지났는데도 하나님은 이삭의 가정에는 자녀를 허락하지 않으셨습니다. 그래서 이삭은 기도했고(창25:21) 하나님은 이삭의 가정에 이란성(二卵性) 쌍둥이 에서와 야곱을 주셨습니다.(창25:25-26)

이란성 쌍둥이로 태어난 에서와 야곱은 외모가 다른 만큼이나 성격도 달랐습니다. 에서는 사냥을 좋아하는 외향적인 남자다운 성격이었고, 야곱은 성격이 조용한 사람이었습니다. 이삭은 남자답고 사냥을 좋아한 에서를 좋아했는데, 그 이유가 에서가 사냥한 고기를 좋아해서(창25:28)였습니다. 좋은 신앙과는 좀 거리가 있습니다.

✚ 전능하신 하나님

이삭의 때에 가나안 땅에 두 번째 흉년이 찾아왔습니다. 그러자 이삭은 블레셋 왕 아비멜렉의 땅인 그랄로 갔습니다. 그때 하나님께서는 이삭에게 애굽으로 가지 말고 그곳에 머물 것을 말씀하셨습니다. 또 이삭에게 복과 땅에 대한 약속, 그리고 구속사에서 중요한 약속도 하셨습니다.(창26:3-4) 이러한 약속의 근거가 이삭이 아니라 아브라함의 순종에 근거한 것이었습니다.(창26:5) 이삭은 하나님의 말씀에 순종했고, 그랄 땅에 머물렀습니다.

그랄 땅의 블레셋 사람들이 리브가가 누구냐고 묻자 아내 리브가를 누이라고 했습니다. 부전자전입니다. 그러나 전능하신 하나님은 그의 가정을 보호해 주셨고 이삭은 그 땅에 머물면서 농사를 지었는데 그해에 100배나 얻었습니

다.(창26:12)

모세는 이 사건을 통해서 이스라엘 백성들에게 무엇을 말하고자 합니까? 바로 아브라함에게 언약하신 하나님은 전능하신 하나님이라는 사실을 말하고 있습니다. 지금 이삭이 머물고 있는 가나안 땅은 흉년입니다. 가뭄으로 인하여 파종한 씨앗도 못 건지는 상황입니다. 그러나 하나님은 이러한 상황에서도 100배의 수확을 하게 하셨습니다. 또 양과 소가 떼를 이루고 종이 심히 많으므로 블레셋 사람들이 시기하였습니다. 가뭄으로 인하여 풀이 말라 버렸고, 물은 희귀한데, 이삭의 가산인 양과 소는 더 번성했고 종들은 많아졌습니다.(창26:13-14)

인간의 능력으로는 불가능한 일이 하나님에 의해서 일어났습니다. 도저히 상상할 수 없는 일이 일어났습니다. 전능하신 하나님만이 하실 수 있는 일이었습니다. 출애굽해야 하는 이스라엘 백성들이 이러한 역사적 사건 앞에서 어떤 것을 느꼈을까요?

✚ 후손의 언약

블레셋 사람들이 이삭을 시기하여 아브라함의 종들이 팠던 우물을 메웠습니다. 아비멜렉은 이삭에게 부자가 되었기에 그랄 땅을 떠나라고 합니다. 그래서 이삭은 그랄 땅을 떠나 그랄 골짜기에 거하며 또 우물을 팝니다. 그랄의 목자들이 자기 것이라고 하며 우물을 빼앗자 또 우물을 팝니다. 또 우물을 팝니다. 그리고 거기서부터 브엘세바에 옮겨 갔을 때 여호와께서 이삭에게 나타나 복을 주시는데 후손이 번성할 것이라는 복을 주십니다.(창26:24) 이삭은 브엘세바에서 또 우물을 팠습니다.

당시 이삭에게 아들이라고는 60세에 얻은 이란성 쌍둥이 에서와 야곱뿐인데 하나님께서는 후손이 번성할 것을 약속하셨습니다. 그 복을 주시는 근거가 아브라함을 위해서(창26:24) 라고 말씀하시고 계십니다. 아브라함에게 하셨던 후손에 대한 언약이 이삭에게 승계되었음을 말씀하시고 계십니다.

이삭을 싫어했던 블레셋왕 아비멜렉이 친구와 군대장관

이 이삭을 찾아와 화평조약을 맺었습니다. 아비멜렉이 이삭을 찾아와 화평 조약을 맺은 이유가 "여호와께서 너와 함께 계심을 우리가 분명히 보았기(창26:28)" 때문이었습니다. 평화조약 체결 후 이삭의 종들이 이삭에게 우물을 팠음을 일려왔습니다.

아비멜렉에게 대항하지 않고 계속 후퇴하며 우물만 판 이삭의 모습을 통해서 그의 성격이 어떠한지를 알 수 있습니다. 하나님은 소심한 성격의 소유자인 이삭을 블레셋 왕 아비멜렉으로부터 보호해 주셨고, 아비멜렉으로 하여금 여호와께서 이삭과 함께 하심을 보게 하셨습니다. 아비멜렉은 자기가 쫓아내었던 이삭을 찾아와 화평 조약을 맺게 하셨습니다.

이런 사건들이 창세기를 읽었던 이스라엘 백성들에게 들려주는 메시지는 어떤 것일까요? 아브라함과 맺은 언약에 근거해서 지속적으로 그의 후손을 지켜 보호해 주시는 하나님, 곧 언약에 신실하신 하나님을 보았을 것입니다. 이러한 사실들은 이스라엘 백성들로 하여금 다시 한 번 더 횃불언약을 신뢰하라는 메시지를 던지고 있습니다.

✚ 야곱을 축복한 이삭

이삭은 137세 이전에 시력을 잃어버렸습니다. 그는 시력을 잃은 후 자신이 하나님 나라에 갈 때가 가까웠다고 생각했던 것 같습니다. 그래서 에서에게 "…나를 위하여 사냥하여 내가 즐기는 별미를 만들어 내게로 가져와서 먹게 하여 내가 죽기 전에 내 마음껏 네게 축복하게 하라(창 27:2-4)"라고 했습니다. 이러한 모습을 통해서 이삭이 어떠한 사람인지 잘 알 수 있습니다. 이삭은 먹는 것을 즐겨했던 식도락가였습니다. 그것도 육식을 아주 좋아했던 사람임을 알 수 있습니다. 이삭이 에서를 좋아했던 이유도 장남이라서가 아니라 에서가 사냥한 고기 때문이었습니다.(창25:28)

이삭은 그의 어머니 사라가 90세 곧 월경이 끊어지고 난 이후 기적으로 태어난 약속의 아들이었습니다. 그런 이삭은 어머니 사라와 아버지 아브라함에게 수없이 자신의 출생에 관한 이야기와 하나님에 대한 이야기를 듣고 자랐을 것입니다. 그리고 여호와 이레의 사건에서 그는 아주 특별한 경험을 했습니다. 이러한 이삭이었지만 우리가 상상하는 그런 믿음의 아들 곧 믿음이 좋은 그런 사람은 아니었습니다. 에서가 사냥하여 요리한 별미를 먹고 죽기 전에 마음껏 에서를 축복하고자 했을만큼 믿음보다는 먹는 것을 더 사랑한 사람이었습니다. 그럼에도 불구하고 하나님은 이삭을 사랑하셨습니다. 그 사랑의 근거는 이삭 때문이 아니라 하나님께서 아브라함과 체결하신 언약에 근거한 것이었습니다.

이삭의 계획은 에서를 축복하는 것이었지만 하나님은 자신의 의지에 따라 야곱과 에서가 태어나기 전 리브가에게 하셨던 말씀을(창25:23) 따라, 이삭이 에세에게 하고자 했던 축복을 야곱이 받게 하셨습니다. 이삭은 야곱을 에서인줄 알고 축복했습니다. 이 축복의 과정에서 재미있는 것은 에서라는 고유명사를 사용하지 않고, 2인칭 대명사 "너"란 단어를 사용해서 축복하고 있습니다. 그리고 여기서 그 유명한 "야곱의 음성, 에서의 손"이라는 말이 나옵니다. 만일 이삭이 야곱을 축복하면서 2인칭 대명사를 사용하지 않고 에서라는 고유명사를 사용해서 축복했다면 어떻게 되었을까요? 또 동생 야곱을 불러오라고 했으면 어떻게 되었을까요? 비록 이삭은 에서를 축복하기 원했지만 전능하신 하나님은 그가 리브가에게 약속하신 약속을 지키셨습니다. 하나님은 하나님의 말씀을 이루시기 위해서 이삭의 생각마저 통제하시는 모습을 볼 수 있습니다. 전능하신 하나님의 절대적 능력입니다.

이삭이 야곱을 에서인줄 알고 한 축복의 내용은 "내 아들의 향취는 여호와께서 복 주신 밭의 향취로다. 하나님은 하늘의 이슬과 땅의 기름짐이며 풍성한 곡식과 포도주를 네게 주시기를 원하노라. 만민이 너를 섬기고 열국이 네게 굴복하리니 네가 형제들의 주가 되고 네 어머니의 아들들이 네게 굴복하며 너를 저주하는 자는 저주를 받고 너를 축복하는 자는 복을 받기를 원하노라."(창27:27-29)입니다. 그리고 야곱을 야곱인줄 알고 한 축복은 "전능하신 하나님이 네게 복을 주시어 네가 생육하고 번성하게 하여 네가 여러 족속을 이루게 하시고, 아브라함에게 허락하신 복을 네게 주시되 너와 네 자손에게도 주사 하나님이 아브라함에게 주신 땅 곧 네가 거류하는 땅을 네가 차지하게 하시기를 원하노라" (창28:3-4)입니다.

이 두 축복(창27:27-29, 28:3-4)의 다른 점이 있습니다. 창세기27장의 축복은 일용할 양식과 주권에 관한 축복인 반면, 야곱이 밧단아람으로 갈 때 축복한 창세기28장은 후손과 약속의 땅에 관한 것입니다. 이로써 이삭은 28장의 축복을 통해 야곱이 횃불 언약의 계승자임을 인정하고 있습니다.

이삭이 야곱을 에서인줄 알고 축복 한 이후 에서가 왔을 때 그는 심히 크게 떨었습니다. 그러면서 그(야곱)를 위하여 축복하였은즉 그가 반드시 복을 받으리라.(창27:33)고 했습니다. 그리고 에서에게는 "네 주소는 땅의 기름짐에서 멀고 내리는 하늘 이슬에서 멀 것이며, 너는 칼을 믿고 생활하겠고 네 아우를 섬길 것이며 네가 매임을 벗을 때에는 그 멍에를 네 목에서 떨쳐버리리라(창27:39-40)"라는 축복을 했습니다. 히브리서 기자는 이 사실을 "믿음으로 이삭은 장차 있을 일에 대하여 야곱과 에서에게 축복하였다.(히11:20)"고 적고 있습니다.

야곱이 형 에서를 피해 외삼촌의 집으로 가면서, 이삭은 창세기의 무대에서 내려오게 되고, 180세 곧 야곱이 120세 때 천국으로 갔고 에서와 야곱이 함께 이삭을 막벨라 굴에 장사합니다.

이런 역사적 사건이 제1독자인 이스라엘 백성들에게 어떤 의미로 다가왔겠습니까?

모세는 이러한 이삭의 삶을 통해서 이스라엘 백성에게 전달하는 메시지가 분명히 있었습니다. 언약에 신실하신 하나님이십니다. 왜? 언약에 신실하신 하나님을 강조하고 있을까요? 신실하신 하나님이 이스라엘의 조상인 아브라함과 맺은 언약인 횃불언약과 다른 언약들이 신실하게 지켜질 것이기에 이스라엘 백성들에게 3대 족장과 맺은 언약을 신뢰할 것을 촉구하고 있습니다.

Ⅲ-3. 야곱

창세기는 3대 족장 중 세 번째 족장인 야곱에 대해서 가장 많은 부분을 기록하고 있습니다. 이는 하나님께서 아브람에게 약속하셨던 창세기15장 13절의 횃불언약의 제1조인“네 자손이 이방에서 객이 되어…”가 야곱(이스라엘)을 통해서 이루어지기 때문입니다.

✚ 야곱의 출생

하나님은 야곱의 삶을 통해서 이스라엘 백성들에게 무언가를 이야기 하시고자 하십니다. 그 무언가를 정확하게 파악하기 위해서는 야곱의 출생부터 살펴 볼 필요가 있습니다. 이삭은 40세에 리브가와 결혼을 했고 19년 동안 아이가 없었습니다. 그래서 이삭은 하나님께 기도했고(창 25:21) 하나님께서는 이삭이 60세일 때 이삭의 가정에 이란성 쌍둥이를 주셨습니다. 야곱은 그 이란성 쌍둥이의 둘째로 태어났습니다. 그런데 리브가가 임신했을 때 태중에서 서로 싸우자 여호와께 물었습니다. 그때 여호와의 대답이 "두 국민이 네 태중에 있구나! 두 민족이 네 복중에서 나누이리라 이 족속이 저 족속보다 강하겠고 큰 자가 어린 자를 섬기리라"(창25:22-23)고 말씀 하셨습니다. 리브가가 쌍둥이 형제를 출산하기 전에 하나님은 작은 자 야곱을 이미 택하셨습니다.(창25:23. 참고, 말1:2-3)

야곱은 출생 전부터 하나님의 절대주권의 선택의 영역 아래 있었습니다. 하나님은 남성다운 매력과 능력을 듬뿍 가진 에서를 택하시지 않으셨고, 당시의 관점에서 본다면 무능력하면서 교활하기까지 한 야곱을 아브라함과 이삭의 언약의 계승자로 선택하시고, 끊임없이 보호해 주셨습니다. 하나님께서 야곱을 끝까지 보호해주신 것은 야곱의 행위 때문이 아니라 하나님의 자의적 선택이 그를 택했고, 그와 언약을 맺으셨기 때문입니다.

왜 하나님은 에서를 아브라함 언약의 계승자로 택하지 않으시고 야곱을 택하셨을까요? 성경은 이것에 대해서 명확한 대답을 하고 있지 않습니다. 그러나 "너는 여호와 네 하나님의 성민이라 네 하나님 여호와께서 지상 만민 중에서 너를 자기 기업의 백성으로 택하셨나니 여호와께서 너희를 기뻐하시고 너희를 택하심은 너희가 다른 민족보다 수효가 많기 때문이 아니니라. 너희는 오히려 모든 민족 중에 가장 적기"(신7:6-7) 때문이라는 말씀을 보면 하나님께서 에서가 아니라 야곱을 택하신 이유를 알 수 있을 것 같습니다.

남자답지 못하고 교활한 야곱이지만 그를 다듬고 고쳐 가시는 하나님을 만날수 있습니다. 약한자를 사용하셔서 하나님의 능력과 영광을 나타내시는 모습을 볼수 있습니다.

✚ 밧단아람으로의 피신

에서는 40세에 헷 족속의 두 여인과 결혼을 했습니다. 이때 야곱의 나이 역시 40세였습니다. 그런데 이삭은 야곱의 결혼 문제에 대해서 무관심으로 일관하고 있습니다. 야곱이 아버지 이삭을 속이고 형 에서의 축복을 가로챈 사건 이후, 에서는 이삭이 죽으면 야곱을 살해할 생각을 가지고 있었습니다. 야곱의 축복 가로채기 사건의 일정부분 책임(창27:13)이 있는 리브가가 이 사실을 알고 야곱의 결혼을 핑계로 외가(外家)가 있는 밧단아람으로 야곱을 피신시킵니다. 이것도 리브가의 책략이었습니다.(창27:46) 이때 야곱의 나이가 76제 정도였습니다.

야곱은 형을 피해 브엘세바를 출발하여 밧단아람으로 가던도중 루스(벧엘)에 이르렀을 때 날이 저물었습니다. 정확하게 브엘세바의 어느 지점에서 출발했는지 알 수 없지만 브엘세바에서 루스(벧엘)까지는 대략 80Km정도의 거리입니다. 건강한 남자 청년이 한 시간에 4Km정도 걷습니다. 한번 상상해 보십시오! 아침에 일어나 낙타에 길에서 먹을 양식과 숙박도구를 싣고 이삭과 리브가에게 인사를 하고 아침 8시경 집을 출발해서 해가 없어 더 이상 걸을 수 없는 저녁 8시경 루스 어딘가에 도착을 해서 여장을 풀었습니다. 조금도 쉬지 않고 12시간을 시속 7Km정도로 길을 갔다는 이야기입니다. 이때 야곱의 심정은 어떠

했을까요? 형 에서의 추격을 피해야 하는 두려움과 가보지 않았던 길을 가야하는 불안함, 장래에 대한 불안등 만감이 공존했을 것이고 무엇보다도 생존에 대한 절박함이 있었을 겁니다. 이런 야곱이 루스(벧엘)에 다다랐을 때 어두워 더 이상 길을 갈 수 없자 간단한 천막을 치고 돌베개를 베고 잠을 청했습니다. 그때 하나님은 야곱의 꿈에 나타나셔서 야곱에게 땅에 대한 언약과 항상 함께 하시며 보호해 주실 것을 약속하십니다. 그 약속의 내용이 "꿈에 본즉 사닥다리가 땅 위에 서 있는데, 그 꼭대기가 하늘에 닿았고 또 본즉 하나님의 사자들이 그 위에서 오르락 내리락 하고 또 본즉 여호와께서 그 위에 서서 나는 여호와니… 내가 너와 함께 있어 네가 어디로 가든지 너를 지키며 너를 이끌어 이 땅으로 돌아오게 할지라. 내가 네게 허락한 것을 다 이루기까지 너를 떠나지 아니하리라"(창28:15)입니다.

야곱 당시는 아직 성경이 없었던 시기이기에 하나님께서 직접 말씀하시거나 꿈을 통하시거나 기적이나, 환상 등을 통해서 하나님의 뜻을 전달하셨습니다. 성경이 완성된 이후 하나님은 완전한 성경 말씀을 통해서 우리에게 말씀하십니다. 그래서 성경이 없던 시절 혹은 성경이 완성되기 이전에 하나님께서 특별계시의 수단으로 사용하시던 방법들은 그 기능이 종결되었습니다.

야곱은 벧엘에서 아주 특이한 경험을 합니다. 꿈에 사닥다리를 보았습니다. 이 사닥다리 위에 여호와께서 계시고 사닥다리에 하나님의 사자들이 오르락내리락하는 것을 보았습니다. 이 사닥다리는 땅과 하늘을 연결하는 중보자이신 예수 그리스도를 나타내는 것입니다. 예수님께서 "진실로 진실로 너희에게 이르노니 하늘이 열리고 하나님의 사자들이 인자 위에 오르락내리락 하는 것을 보리라(요1:51)" 말씀하시므로 예수님 자신이 야곱이 꿈에 본 사닥다리시라는 것을 말씀하셨습니다.

하나님은 야곱의 꿈에 찾아오셨습니다. 그리고 야곱과 언약을 맺었습니다(창28:12-15). 육체적 피곤, 두려움, 불안 등이 공존한 잠자리에서 꿈에 하나님이 나타나셔서

"나는 여호와니… 너와 함께 있어 네가 어디로 가든지 너를 지키며 너를 이끌어 이 땅으로 돌아오게 할지라. 내가 네게 허락한 것을 다 이루기까지 너를 떠나지 아니하리라"(창28:12-13)" 고 말씀하셨습니다. 이 말씀은 현재의 야곱에게는 그 무엇과도 바꿀 수 없는 큰 위안이 되었을 것입니다. 이에 대한 야곱은 반응은 2단계로 나타납니다.

첫 번째 반응입니다. 그 꿈을 꾼후 야곱은 벌떡 일어나 한 말이 "여호와께서 과연 여기 계시거늘 내가 알지 못하였도다. 이에 두려워하여 이르되 두렵도다. 이곳이여 이곳은 다름 아닌 하나님의 집이요 이는 하늘의 문이로다." (창28:16-17)라고 하였습니다. 그리고 편안하게 잠을 잤을 것입니다.

두 번째 반응입니다.(창28:18-22) 첫 번째 반응과는 전혀 다른 반응입니다. 아침에 눈을 떴을 때 형 에서는 추격해오지 않았고, 무사히 하룻밤을 지냈기에 간절했던 어제와는 전혀 다른 행동입니다. 야곱은 아침에 일찍 일어나 그곳의 이름을 벧엘이라 하였고 조건을 내건 서원하였습니다. 이 서원을 통해서 야곱이 진면목을 볼 수 있습니다. 하나님은 야곱에게 지켜주시고 이 땅으로 돌아오게 하고, 약속한 모든 것을 이루기까지 함께 하시겠다는 약속(창28:13-15)을 하셨는데, 야곱의 반응은 "…집으로 돌아가게 하시오면 여호와께서 나의 하나님이 되실 것이요…." (창28:20-21)라는 반신반의입니다. 그런데 찬송가 "내 주를 가까이 하게 함은"의 제4절을 보면 "야곱이 잠깨어 일어난후 돌 단을 쌓은 것 본 받아서"라는 가사가 있습니다. 하나님 앞에 단을 쌓은 것은 본 받아야겠지만 단을 쌓으면서 하나님께 서원 한 것을 본 받으면 큰 일 날 것 같습니다. 어제의 간절했던 모습은 온데간데 없고 본래의 교활한 야곱의 모습으로 돌아왔습니다.

필자는 이러한 야곱의 모습을 통해서 필자 자신의 모습을 봅니다. 급하고 어려운 일이 있으면 하나님 앞에 간절히 기도를 하지만, 그것이 해결되고 나면, 곧 하나님의 은혜를 잊어버리는 모습을 말입니다.

✚ 야곱의 결혼

야곱은 하나님의 인도와 보호하심으로 무사히 동방사람의 땅 하란에 도착했고, 아브라함의 늙은 종이 리브가를 순적히 만났듯이 외삼촌의 라반의 딸인 라헬(Rachel)을 순적히 만나게 됩니다. 그리고 외가에서 라헬을 아내로 얻는 대가로 7년간의 노동력을 라반에게 제공했습니다. 당시 이곳의 결혼 풍습이 매매혼(賣買婚)이라는 것을 알 수 있는 대목입니다.

야곱은 라헬과 결혼을 했습니다. 그런데 눈을 떠보니 라헬이 아니라 레아(Leah)였습니다. 야곱이 사랑하는 라헬을 위해 7년간 일을 했고 결혼식도 라헬과 치른다는 것을 집안사람들이 다 알았을 터인데, 어느 누구도 야곱에게 레아가 들어갈 것이라는 것을 귀뜸해 주지 않았습니다. 그리고 라헬의 항의도 없었고 레아가 거부했다는 기록도 찾아볼 수 없습니다. 그리고 더 재미있는 것은 야곱이 그렇게 사랑했던 라헬과 레아를 구분하지 못했습니다. 이에 대한 여러 가지 주장들이 제기되지만, 가능성은 희박합니다. 음력으로 그믐이라 얼굴을 알아 볼 수 없었다? 그럼 목소리도 구분 할 수 없었을까요!

항의하는 야곱에게 라반은 그곳의 풍습을 이야기하며, 레아와 7일을 채우고 다시 라헬과 결혼하는 조건으로 다시 7년간 라반의 집에서 노동력을 제공하게 됩니다. 이렇게 이루어진 야곱의 가정은 많은 문제를 일으켰습니다. 레아는 야곱으로부터 사랑 받지 못했고, 동생 라헬과도 다투는 사이가 되었습니다. 그런데 남편 야곱으로부터 사랑받지 못했던 레아는 막벨라 굴에 장사되었습니다. 그리고 야곱이 인생의 마지막에 한 고백을 통해서 레아가 하나님께서 자신에게 주신 배필이라는 것을 이렇게 인정합니다. "아브라함과 그의 아내 사라가 거기 장사되었고,… 나도 레아를 그곳에 장사하였노라"(창49:31)

야곱이 레아와 결혼 사건은 하나님의 절대적이고 주권적인 간섭에 의한 것이라는 결론 외에는 다른 결론을 내릴 수 없습니다. 왜냐하면 예수님이 레아의 아들이 유다를 통해서 이 땅에 오셨습니다.

✚ 레아(Leah)와 라헬(Rachel)

하나님께서 레아가 야곱의 사랑을 받지 못함을 보시고 자녀를 주셨습니다. 그 이름을 르우벤이라 했습니다. 이름의 뜻이 "여호와께서 나의 괴로움을 돌보셨으니 이제는 내 남편이 나를 사랑하리로다."였습니다. 넷째 아들인 유다를 낳고는 "내가 이제는 여호와를 찬송하리로다." 반면, 라헬은 아들을 낳고 그 이름을 요셉이라 하였습니다. 그 뜻이"여호와는 다시 다른 아들을 내게 더하시기를 원하노라"입니다. 감사보다는 자신의 욕망을 담은 표현입니다. 자녀들의 이름을 짓는 것을 보면 레아는 하나님 의존적인 사람이었음을 알 수 있고, 반면 라헬은 자기중심적인 사람이었음을 알수 있습니다.

그런데 우리는 라헬을 좋아합니다. 그래서 그리스도인들 가운데 딸에게 라헬이라는 이름 지어 주는 경우가 가끔 있습니다. 20여 년 전 필자가 살던 윗집의 두 딸의 이름이 언니는 라헬, 동생은 사라였습니다. 그리스도인들 가운데서 레아라는 이름을 사용하는 사람을 아직 만나보지 못했습니다. 레아는 외모도 아름답지 못했고, 성격도 적극적이지 못했던 것 같습니다. 반면에 라헬은 외모가 아름다웠고, 또 남자들의 영역인 목축을 할 만큼(창29:9) 활동적이었고, 아버지 집의 드라빔을 훔쳐 나올 정도로 야심도 컸습니다.(창31:19) "…이스라엘의 집을 세운 라헬과 레아 두 사람과 같게 하시고…."(룻4:11)라는 말씀을 보면 라헬의 이름이 먼저 나오는데 이것을 보아 이스라엘 사람들, 심지어 레아가 낳은 유다의 후손들인 베들레헴 사람들도 레아보다 라헬을 좋아했던 것 같습니다.

지금도 교회에서 그리고 그리스도인들에게 레아와 레아와 비슷한 성도들은 사랑받는 존재는 아닌 것 같습니다. 작금의 교회를 보면 라헬과 같이 자신감이 넘치고 능력이 탁월한 사람들이 하나님 의존적인 레아보다 더 사랑받습니다. 예수 그리스도의 가치관이 기준이 되어야하는 교회 안에서도 세상적인 가치관을 기준으로 생각하고 판단하는 것을 자주 볼 수 있습니다. 우리가 자본주의 사회에서 살다가 보니 성경은 자본주의적 가치관을 지지할 것이라는 막연한 믿음을 가지고 있습니다. 그래서 심지어 영적인 부분까지 세상적인 가치관 곧 자본주의적 가치관으로 판단하는 경우들을 자주 봅니다. 그러나 성경은 자본주의적 가치관을 지지하지 않습니다. 교회는 세상적 가치관인 자본주의적 가치관을 배격해야하고, 하나님 의존적이며, 그리스도의 말씀 중심적 가치관의 지배를 받아야 합니다.

하나님은 우리의 생각과는 달리 아름답고 능력을 가진 라헬보다 하나님 의존적이며 하나님 중심적인 레아를 사랑하셨습니다. 레아를 막벨라 굴에 장사되게 하시므로 당당히 3대 족장의 부인의 명단에 그 이름을 올렸고, 야곱도 마지막 유언에서 "나도 레아를 막벨라 굴에 장사했다"는 고백을 하므로 하나님께서 자신에게 주신 아내가 레아라는 것을 고백하고 있습니다. 그리고 무엇보다 중요한 것은 인류의 구주이시며 주님이신 예수님이 레아의 소생인 유다를 통해서 성육신하셨습니다.

✚ 라반으로부터 보호해 주신 하나님

보호자이신 하나님 시즌1입니다. 야곱을 라반으로부터 보호해주십니다.

야곱은 라반의 집에서 결혼을 위해서 14년간, 품삯을 위해 6년간 일했습니다. 하나님의 은혜로 야곱의 재산은 점점 늘어났고 부자가 되었습니다. 그런데 부자간 된 야곱을 바라보는 라반 일가의 시선이 곱지 않았습니다. 라반이라는 사람은 원래가 아주 물질을 사랑하는 물질 중심적인 사람이었습니다. 물질 앞에서는 인정사정 없는 그런 사람이었습니다. 아브라함이 이삭의 아내감을 찾기 위해 자신의 늙은 종을 아람으로 보냈습니다. 그때 우물가에서 리브가를 만났고 리브가에게 금 코고리와 금 손목고리를 주었고, 리브가는 집으로 달려가 이 일을 알렸습니다. 리브가의 오빠인 라반은 리브가가 아브라함의 늙은 종으로부터 받은 금 코고리와 금 손목거리를 보고 아브라함의 늙은 종에게 달려간 사람이었습니다(창24:22-31). 라반은 야곱이 부자가 된 것을 아주 못 마땅해 하였고, 눈치 빠른 야곱은 이것을 이미 눈치 채고 있었습니다. 야곱의 두 아내 레아와 라헬 또한 자신의 아버지가 어떤 사람인지 잘 알고 있었습니다(창31:18-19). 드디어 야곱은 자신의 모든 가족과 재산을 이끌고 강을 건너 길르앗 산을 향하여 도망하였습니다. 3일후 라반이 이 소식을 들었고, 추격을 시작한지 7일 만에 길르앗 산에 도달했습니다. 그런데 야곱 일행을 거의 추격했을 그날 밤에 하나님께서 아람 사람 라반의 꿈에 나타나 "너는 삼가 야곱에게 선악 간에 말하지 말라(창31:24)"고 경고하셨습니다. 하나님께서는 야곱의 가족이 라반에게 잡히기 바로 직전 극적으로 라반의 꿈에 나타나셔서 돈이라면 인정사정 없는 라반을 경고하심으로 야곱을 라반으로부터 지켜 보호해 주셨습니다.

야곱은 "내가 외삼촌의 집에 있는 이 20년 동안 외삼촌의 두 딸을 위하여 14년, 외삼촌의 양 떼를 위하여 6년을 외삼촌에게 봉사하였거니와 외삼촌께서 내 품삯을 10번이나 바꾸셨으며, 우리 아버지의 하나님, 아브라함의 하나님 곧 이삭이 경외하는 이가 나와 함께 계시지 아니하셨더라면 외삼촌께서 이제 나를 빈손으로 돌려 보내셨겠지만 하나님이 내 고난과 내 손의 수고를 보시고 어제 밤에 외삼촌을 책망하셨습니다." (창31:41-42) 라고 하면서 외삼촌 라반을 책망합니다. 이 책망의 내용을 통해서 야곱이 외삼촌 라반의 집에서 얼마나 크고 많은 고생을 했는지 알수 있습니다. 그러나 하나님은 야곱을 지켜 보호해 주셨습니다.

라반의 집에서 20년간 종 아닌 종으로 살았던 야곱, 그리고 거기서 부자가 되어 도망한 야곱을 지켜 보호해주신 하나님이십니다. 야곱이 형 에서를 피해 밧단아람으로 도망하던 날, 벧엘에서 야곱의 꿈에 나타나셔서 하셨던 그 약속을 20년이 지나 지금도 지키시고 계신 하나님이십니다. 이 이야기를 읽었던 애굽의 노예였던 이스라엘 백성들은 무엇을 느꼈겠습니까? 하나님께서 야곱을 지켜주셨던 것은 야곱을 통해서, 아브라함과 이삭과 맺었던 언약과 또 야곱에게 하셨던 약속을 이루시기 위함이었습니다. 언약에 신실하신 하나님. 그의 약속을 꼭 지키시는 하나님의 모습을 발견할 수 있습니다.

✚ 형 에서로부터 보호해 주신 하나님

보호자이신 하나님 시즌2입니다. 야곱을 형에서로부터 보호해주십니다.

여호와의 사자들이 고향으로 돌아오는 야곱을 길에서 만났습니다. 그래서 야곱은 그곳의 이름을 "마하나님"이라 하였습니다. 이후 형 에서가 400명의 장정을 데리고 온다는 소식을 들은 야곱은 근심하였습니다. 성경은 당시 야곱의 심정을 '매우 두렵고 답답하여(창32:7)' 라고 기록하고 있습니다. 그러나 이러한 와중에도 그는 자신의 잔꾀를 의지하고, 재물에 대한 애착을 보였습니다. 그리고 그 재물을 보호하기 위해 생각해낸 것이 하나님의 언약이었습니다. 그리고 그 언약을 붙들고 기도하는 모습이 나타납니다.(창32:9-12) 그리고 형의 분노를 누그러떠리기 위해서 형 에서에게 선물을 보내면서도 여러 번에 걸쳐서 보냅니다.가족과 재산을 분산시켜 얍복강을 건너게 하고 자신은 얍복강가에 혼자 남았습니다.(창32:13-20)

그리고 밤에 혼자 남아서 어떤 사람(하나님의 사자)과

처절한 씨름을 합니다. 그리고 이스라엘로 개명 당하게 됩니다. 야곱의 씨름은 승리를 위한 씨름이 아니라 생존을 위한 씨름이었고 그 씨름에서 승리하였습니다. 그러나 하나님의 사자가 이름을 물었을 때 야곱은 이름을 말했고 이스라엘이라는 이름으로 개명을 당하게 됩니다. 야곱이 그 사람에게 이름을 물었지만 야곱은 그의 이름 알 수가 없었습니다. "이름을 밝히는 것은 일종의 복종의 행위였습니다. 복종의 행위로 자기 이름을 밝혔고 그 복종과 더불어 새로운 이름, 새로운 정체성이 임했습니다. 이스라엘이 그것이었습니다. 그러나 야곱은 패배한 와중에도 여전히 비기기를 바랐습니다. 비겨서 자존심을 지키기를 바랐던 것이었습니다. (R.C. 스프룰. 하나님의 거룩하심. 166-167. 생명의 말씀사. 1995)" 야곱은 그곳의 이름을 브니엘이라 하였습니다. 브니엘에서 하루밤을 지샌 후 야곱은 형 에서를 만나 극적으로 화해했습니다.

에서와의 화해가 야곱이 에서에게 보낸 선물 때문이 아니라 하나님께서 20년 전에 벧엘에서 야곱에게 말씀하신

"내가 너와 함께 있어 네가 어디로 가든지 너를 지키며…" (창28:15)라는 약속의 말씀 때문이었습니다. 그러나 큰 어려움을 해결한 야곱은 다시 예전의 교활한 모습으로 돌아갑니다. 야곱의 일행을 호위해 주겠다는 에서의 제안을 정중히 거절하며 형을 뒤따라 세일로 가겠다고 했습니다. 그러나 야곱은 형을 속이고 남쪽인 세일로 가지 않고 강을 건너 서쪽인 숙곳으로 갔습니다.(창33:14-17)

야곱은 하나님을 만나 이스라엘로 개명을 당했지만 그는 전혀 변하지 않았습니다. 그러나 하나님은 자신을 위해서 그리고 아브라함과 이삭과 맺은 언약 때문에 여전히 야곱을 지켜주시고 보호해 주셨습니다.

✚ 세겜성 주위의 가나안 족속으로부터 보호해 주신 하나님

보호자이신 하나님 시즌3입니다. 세겜성 주위의 가나안 족속으로부터 야곱을 보호해 주시는 하나님이십니다.

형 에서를 속이고 세일로 가지 않고 숙곳에 도착한 야곱은 집과 우릿간을 지었습니다. 숙곳을 거처 세겜에 도착한 야곱은 무엇 때문인지는 몰라도 돈으로 땅을 샀고 또 거기서 어떤 연유인지는 모르지만, 하나님께 제단을 쌓았습니다. 그리고 그곳의 이름을 하나님 이스라엘의 하나님이라는 뜻의 엘엘로헤이스라엘이라고 불렀습니다. 출애굽후 가나안을 점령하던 중 세겜 땅을 점령했을 때 이스라엘 백성들은 이곳에 요셉의 뼈(미라)를 장사 지냅니다.(수24:32) 야곱은 이 땅에 대해서 특별한 애정을 가지고 있었고 특별히 요셉에게 증여했습니다.(창48:22)

세겜에서 야곱은 하나의 큰 시련을 맞이합니다. 야곱에게 사랑받지 못한 레아가 낳은 딸 디나가 세겜성의 여인들을 구경을 갔다가(창34:1) 거기서 세겜성 하몰의 아들 세겜에게 강간을 당하는 사건이 발생합니다. 이 소식을 접한 야곱의 태도는 마치 디나와는 아무런 관계가 없는 사람처럼 매우 침착합니다. 들에서 목축을 하다가 이 소식을 듣고 모두가 근심하고 분노한 야곱의 아들들의 태도와는 사뭇 대조적입니다. 야곱은 사건 당시 아들들이 들에서 목축을 하고 있었기에 돌아오기를 기다렸다(창34:5)고 성경은 기록하고 있습니다. 그러나 아들들이 돌아왔을 때도 야곱은 별다른 대책이나 분노함이 없었습니다.

세겜과 디나의 혼사를 추진하기 위해 찾아온 하몰에게 야곱의 아들들은 혼인의 조건으로 세겜성 모든 남자들이 할례를 받을 것을 제안합니다. 그리고 하몰의 설득으로 세겜성 모든 남자들이 할례를 받았고, 3일이 지나서 아직 세겜성 남자들이 아파할 때 디나의 친 오빠인 시므온과 레위가 세겜성 남자들을 도륙하고 디나를 데리고 왔습니다. 이 소식을 들은 야곱의 반응은 "너희가 내게 화를 끼쳐 나로 하여금 이 땅의 주민 곧 가나안 족속과 브리스 족속에게 악취를 내게 하였도다 나는 수가 적은즉 그들이 모여 나를 치고 나를 죽이리니 그러면 나와 내 집이 멸망하리라(창34:30)"였습니다. 숫자가 적다. 그래서 내 생명과 전 재산을 다 잃어버리면 어떻게 하나?라는 걱정을 하고 있는 모습니다. 밧단아람으로 갈 때 하나님께서 야곱에게 주셨던 언약과 외삼촌 라반과 형 에서의 손에서 보호해 주신 하나님을 까맣게 잊고 있었습니다. 이런 야곱에게 시므온과 레위는 "그가 우리 누이를 창녀 같이 대우함이 옳습니까?(창34:31)"라고 항의했고 야곱은 침묵했습니다. 야곱의 이 침묵이 깨어지는 것은 야곱이 죽기 전 유언에서 입니다.(창49:5-7). 참으로 대단하고 뒤끝장렬인 야곱입니다. 시므온과 레위의 이 항의는 마치 야곱을 향해 "딸이 강간을 당했는데도 침묵하는 당신이 그의 아버지가 맞습니까?"라고 조롱하고 있는 듯합니다.

세겜성 도륙 사건이후 야곱은 굉장히 두려워하고 있었습니다. 그때 하나님께서 야곱에게 벧엘로 올라갈 것을 말씀하셨습니다.(창35:1) 그러자 야곱은 가족들에게 "너희 중에 있는 이방 신상들을 버리고 자신을 정결하게 하고 너희들의 의복을 바꾸어 입으라(창35:2)"고 말합니다. 야곱의 가정에는 이방신을 섬기는 사람들이 있었다는 것을 야곱 자신도 알고 있었습니다. 야곱 가정의 신앙 상태가 어떠한지를 잘 나타내주고 있습니다. 그리고 가족들은 야곱의 명령을 따라 이방신들을 제하고 자신을 정결하게 하고 벧엘로 올라갔습니다. 하나님께서 세겜 주위의 성읍들을 크게 두려워하게 하셨으므로 감히 벧엘로 올라가는 야곱의 가족을 추격하지 못했습니다. 야곱은 하나님의 언약을 잊어버렸고, 그의 가족들 중에는 이방신을 섬긴 사람들이 있었습니다. 정말 신앙적인 모습이 아닌 엉망인 가정이었습니다. 그러나 하나님은 벧엘에서 야곱에게 하신 말씀 때문에 야곱의 가족을 보호해 주셨습니다.

벧엘에 올라간 야곱의 가족은 제단을 쌓았고 하나님은 야곱에게 나타나셔서 다시 한 번 더 "이스라엘"이라는 이름을 주십니다. 그리고 야곱을 이스라엘이라 부르시며 자신을 전능한 하나님이라 계시하셨습니다. 그리고 "생육하며 번성하라 한 백성과 백성들의 총회가 네게서 나오고 왕들이 네 허리에서 나오리라 내가 아브라함과 이삭에게 준 땅을 네게 주고 내가 네 후손에게도 그 땅을 주리라(창35:11-12)"는 후손과 땅에 대한 언약을 재확인 시켜주십니다.

✚ 이방에서 객이 되기 위한 준비

창세기37장-45장까지는 횃불언약의 제1조인"네 자손이 이방에서 객이 되어"의 준비 과정입니다. 이 과정에서 하나님은 요셉을 사용하십니다. 비록 창세기에서 요셉에 관한 부분이 많아도 요셉의 생애는 철저히 제3대 족장인 야곱의 삶에 종속되어 있습니다.

혹자는 설교시 야곱이 형 에서의 축복을 가로챌 때 아버지 이삭을 속였기 때문에 그는 아들들로부터 속임을 당했다고 합니다. 과연 그럴까요? 성경은 무엇이라고 말씀하시고 있을까요? 전혀 성경적이지 않은 가르침입니다.

창세기15장의 횃불언약 제1조인 '아브라함의 후손이 이방에서 객이 되기' 위한 준비 과정으로 하나님은 야곱의 아들들을 사용하십니다. 그 중심인물이 요셉입니다. 요셉은 야곱이 사랑했던 라헬의 장남으로 태어났습니다. 그리고 아버지 야곱의 특별한 사랑을 받았습니다. 요셉은 17살의 청소년이 되었지만, 형들과 함께 있다가 형들이 잘못하는 일을 보면 그 잘못을 아버지 야곱에게 고자질 하고(창

37:2) 형들의 기분과는 상관없이 자신이 하고 싶은 이야기는 형들에게 꼭해야하는 철부지였습니다. 아버지 야곱의 편애(偏愛)를 받고, 17살이나 되었으면서도 철없는 행동을 하는 요셉, 게다가 어머니도 다른데 어느 형들이 그를 좋아하겠습니까? 형들로부터 미움을 받을 일을 했습니다. 17세의 요셉의 현주소입니다

그런데 어느 날은 야곱은 헤브론에서 70Km정도의 떨어진 세겜에서 목축을 하고 있는 아들들이 잘 있는지 알아보기 위해 요셉을 세겜으로 보냅니다. 요셉은 채색 옷을 입고 길을 떠납니다. 요셉의 이런 행동은 정말 철부지의 행동입니다. 그리고 당시 야곱의 집에는 종들이 있었을 것인데도 야곱은 종들을 요셉과 함께 보내지 않고 요셉 혼자 그 먼 길을 보냅니다. 세겜에 도착한 요셉은 형들을 만나지 못하자 그들이 어디 있는지를 알아보고 형들이 있는 도단으로 갑니다. 도단에서 요셉은 형들에 의해 미디안 상인들에게 팔렸습니다. 요셉이 은20, 예수님은 은30에 팔렸습니다. 당시 20세 이하의 남자들의 몸값은 은20이고, 20

세 이상은 은30이었다고 합니다. 이후 요셉은 야곱의 가족을 극심한 기근으로부터 구원했습니다. 이러한 면에서 요셉은 예수님을 예표입니다.

요셉은 애굽에서 보디발 집의 노예가 되었습니다. 그리고 보디발은 하나님이 요셉과 함께 하셔서 요셉이 하는 일마다 형통하게 된 것을 보았습니다. 보디발은 요셉을 가정총무로 삼았고 요셉이 가정 총무가 된 이후 하나님은 요셉을 위하여 보디발의 집에 복을 내리셨습니다. 요셉이 하는 일마다 모두 형통했습니다.(창39:3-5) 그러던 어느 날 보디발의 아내는 요셉을 유혹했습니다. 만일 요셉이 보디발 가정의 총무가 되지 않았다면 보디발의 아내의 유혹을 받았을까요? 당연히 받지 않았을 것입니다. 가정총무가 되지 않았다면 보디발의 아내는 요셉의 존재도 몰랐을 것입니다. 하나님은 요셉을 형통한자가 되게 하셔서 보디발의 가정 총무가 되게하셨습니다. 그리고 보디발의 아내의 유혹을 받게 하셨고 요셉은 그것을 물리쳤습니다. 그 결과로 보디발의 아내의 모함을 받아 파라오의 죄수들이 갇히는 감옥(창39:20)에 보내졌습니다. 결국 하나님은 요셉을 형통케 하신 이유가 파라오의 죄수들이 갇히는 감옥에 보내기 위함이었습니다. 우리가 생각하는 형통과 하나님께서 생각하시는 형통이 많이 다릅니다.

요셉이 파라오의 신하들이 갇히는 감옥에 있을 때에도 하나님은 요셉과 함께 하셔서 형통한 자가 되게 하셨습니다. 우리가 생각하는 형통대로라면 요셉은 감옥에서 나와야하는데 그렇지가 않았습니다. 감옥의 담당자는 감옥의 제반 사무를 요셉에게 맡겼습니다. 여기서 요셉은 국가기관인 교도소의 행정을 배웠습니다. 그리고 보디발은 요셉에게 파라오의 신하 가운데 신분이 높은 전(前) 술 맡은 관원장과 전(前) 떡 맡은 관원장을 수종들게 했습니다(창40:2).

요셉은 그곳에서 전(前) 술 맡은 관원장과 떡 맡은 관원장의 꿈을 해몽했고 술 맡은 관원장에게 사면 복권이 되어 복직이 되면 자기를 좀 구해달라는 인사 청탁을 했습니다. 술 맡은 관원장은 복직이 된 이후 요셉을 잊어버렸습니다.

인사 청탁을 넣은걸 보면 이때까지 요셉은 하나님의 계획을 알지 못했습니다. 그리고 과거 자신이 꾼 꿈이 무엇을 의미하는지 알지 못했습니다. 성경에서는 그가 총리가 된 이후, 10명의 형들이 곡식을 사로 왔을 때 형들을 만나고 그 꿈을 생각했다고(창42:9) 했습니다. 그리고 베냐민을 데리고 오라고 하면서 형 시므온을 인질로 잡아둡니다.(창42:24) 그는 꿈을 실현하기 위해서 한 것이 아무것도 없었습니다. 하나님께서 하나님 자신의 계획인 횃불언약 제1조인 "네 자손이 이방에서 객이 되어"를 이루시기 위해서 요셉에게 꿈을 꾸게 하셨고 그 꿈을 사용하셨을 뿐입니다.

하나님께서 술 맡은 관원장이 복직된 이후 요셉을 잊어버려 요셉을 계속 감옥에 둔 이유는 크게 2가지를 들 수 있습니다.

첫째, 그곳에서 정치 수업을 시키셨습니다. 요셉은 보디발의 집에서 가정 총무로 일을 배웠습니다. 그러나 더 큰 국가를 경영하기 위한 수업이 필요했습니다. 총리가 되었을 때 총리의 역할을 할 수 있는 역량을 키우게 하셨습니다.

요셉이 갇힌 감옥은 일반 범죄자들이 오는 감옥이 아니라 당시 애굽의 고관들이 파라오의 미움을 사서 오는 일종의 정치범 교도소였습니다. 여기서 요셉은 시위대장이 명령으로 전(前)술 맡은 관원장과 전(前)떡 굽는 관원장을 수종 들었습니다(창40:2). 요셉이 감옥에서 꿈을 해몽한 이후 2년 이상의 시간을 감옥에서 제반 사무를 보았습니다. 그 시간에 무엇을 배웠겠습니까? 행정입니다. 또 요셉이 있는 감옥이 어떤 곳인지 다시 생각해 보십시오. 요셉은 그곳에 온 고위 관료들로부터 국가 경영에 관한 이야기를 듣고 배웠을 것입니다. 이는 하나님께서 요셉이 총리가 된 이후 국정을 원활히 수행하게 하기 위한 정치 수업을 진행시키셨습니다. 너무 지나친 비약인가요? 그리고 하나님께서 원하시는 때에 술 맡은 관원장을 통해서 요셉이 파라오에게 천거되는 일이 일어납니다.

둘째, 술 맡은 관원장이 잊어버리지 않고 요셉의 청탁대로 파라오에게 고해서 요셉을 감옥에서 나오게 했다면(참고, 창40:14), 어떤 상황이 전개되었을까요? 요셉은 아마 노예 신분에서 벗어나 가나안 땅 아버지 야곱의 집으로 돌아갔을 것입니다. 죽었다고 생각했던 요셉이 살아 돌아와서 형들이 자기를 팔아버린 일을 야곱에게 이야기하면 아마 야곱의 집안은 거의 해체되고 말았을 것입니다. 또 요셉이 애굽의 총리가 될 수 있었을까요? 아마 불가능하지 않았을까요? 그럼 야곱의 후손이 애굽으로 내려갈 수 있었을까요? 그리고 하나님의 계획도 엄청 틀어졌을 것입니다.

요셉이 17세에 형들의 미움을 받아 애굽에 노예로 팔려가게 되고 또 보디발의 집의 노예가 되고 그곳에서 일어나는 일련의 일들, 그리고 감옥에 가게 되는 일, 요셉이 애굽의 총리가 되는 일 등 이 모든 일이 야곱의 가족을 애굽으로 이주시키기 위한 하나님의 계획이었습니다. 하나님께서 200여년전 아브라함에게 약속하신 횃불언약의 제1조를 진행시키시는 하나님의 역사(役事)를 말씀하시고 계십니다.

하나님께서 이 일을 통해서 이스라엘 백성들에게 무슨 말씀을 하시고자 하시고 계시는 걸까요? 이 이야기를 읽은 이스라엘 백성들은 무엇을 느꼈을까요?

✚ 다말사건

창세기38장에 갑자기 요셉의 이야기와는 상관없는 유다와 다말의 이야기가 나옵니다. 모세는 레위지파이고 유다는 유다지파의 수장인데…. 왜 이 사건이 갑자기 38장에 기록된 것인지 좀 의아스럽습니다. 이 사건을 구속사적인 관점이 아니면 좀 이해하기 어렵습니다. 이 사건으로 다말은 베레스와 세라를 낳고 베레스를 통해서 예수 그리스도께서 이 땅에 오셨습니다.

많은 그리스도인들이 시아버지 유다와 며느리 다말 사이에 발생한 이 사건을 부정적으로 보는 경향이 강합니다. 그런데 김두석 교수는 "다말이 유다에게 접근한 것은 하나님의 계시의 말씀으로 주어진 계대 결혼의 순서에 따른 옳은 행위였다(창 38 :26).(김두석. 유다와 다말의 동침 사건에 대한 올바른 이해. 137. 창세기를 어떻게 설교할 것인가? 두란노 아카데미. 2008.)고 말하고 있습니다.

유다의 후손들은 이 사건을 어떻게 보고 있을까요? 베들레헴 사람들이 보아스와 계대결혼을 하는 모압 여인 룻을 향해서 축복하는 내용을 보면 "여호와께서 이 젊은 여자로 말미암아 네게 상속자를 주사 네 집이 다말이 유다에게 낳아준 베레스의 집과 같게 하시기를 원하노라."(룻4:12)고 하고 있습니다. 그리고 다윗의 딸 중에 다말이라는 이름을 가진 딸이 있습니다. (대상3:9) 이스라엘 사람들의 눈에 비친 다말은 지혜롭고 의로운 사람이었습니다.

"네 자손이 이방에서 객이 되"는 과정

창세기37장-45장(창38장은 제외)은 야곱의 가족이 애굽으로 내려 가게하기 위한 준비 과정, 곧 하나님께서 "아브람의 후손이 이방에서 객이 되게(창15;13)"하기 위해서 어떻게 준비해 가시는지를 기술하고 있습니다. 그리고 창세기46장에서 47장26절까지는 애굽으로 내려가는, 그리고 내려간 야곱 가족의 이야기가 나옵니다. 205년 전에 하나님께서 아브람에게 말씀하신 횃불언약의 제1조 "너의 후손이 이방에서 객이 되어"가 성취되는 순간입니다. 이 성취를 위해서 하나님은 요셉이라는 사람을 준비 시키시고 그를 사용하셨습니다.

마침내 요셉이 애굽의 총리가 되었습니다. 그리고 애굽과 근동지역에 7년 풍년과 7년 흉년이 찾아왔습니다. 7년 풍년동안 7년 흉년을 대비해 양식을 비축한 애굽에는 양식이 있었습니다. 이때 요셉의 형들은 애굽에 양식을 사러 왔습니다. 우리는 보통 요셉의 형들 10명만 애굽에 양식을 사러 갔을 것이라고 생각하는 경향이 있고 성경에도 별다른 언급이 없습니다. 그런데 가만히 한번 생각을 해 보십시오! 요셉은 당시 최대 강국인 애굽의 총리입니다. 그리고 양식을 사러 원근 각지에서 온 사람들이 한 두 사람이 아닌데, 10명이 10량 혹은20량 마차를 가지고 양식을 사러 온 소상인들이 과연 총리를 만났을 수 있었겠습니까? 양식이 소량(少量)라면 아마 장관이나 담당자의 전결사항이었고, 많은 양의 곡식이라 총리의 결제가 필요했을 겁니다.

이때 야곱 집의 식구에 대해서 한번 추측해 보는 것이 필요합니다. 아브라함 시기에 이미 아브라함의 집에는 900여명 이상의 사람이 있었는데, 이스마엘 분가시 좀 나누어주고, 이삭이 물려받았고, 에서가 분가할 때 좀 나누어 주었더라도 야곱의 집에는 많은 가족들이 있었습니다. 에서가 400명의 군사를 거느리고 야곱을 맞으러(?) 나온 걸 봤을 때, 에서의 집에는 이미 1000명 이상의 가족들이 있음을 알 수 있습니다. 당시 이삭의 집에도 최소 1000명 이상의 가족들이 있었을 것이고 이들은 자연스럽게 야곱에게 상속 되었을 겁니다. 1000명 이상이 먹는 양식의 양은 결코 적은 양이 아닙니다. 야곱의 열 아들이 양식을 사러왔을때는 분명히 많은 종들을 데리고 양식을 사러왔음이 분명합니다.

요셉은 양식을 사러 온 형들을 만났습니다. 그리고 꿈을 생각했다고 했습니다.(창42:9) 13년간의 노예와 감옥 생활을 통해서 단번에 총리가 된 지금 22년 전 자신이 꾼 꿈을 어떻게 이해하고 있었을까요? 자기비전의 성취라고 보았을까요? 아니면 하나님의 계획을 알았을까요? 11년 전 감옥에서 술 맡은 관원장의 꿈을 해석해 주며, 요셉은 그에게 이렇게 말했습니다. "당신이 잘 되시거든 나를 생각하고 내게 은혜를 베풀어서 내 사정을 파라오에게 아뢰어 이 집에서 나를 건져 주소서 나는 히브리 땅에서 끌려온 자요 여기서도 옥에 갇힐 일은 행하지 아니하였나이다.(창 40:14-15)" 당시 요셉은 이런 일련의 일들을 통하여 하나님께서 자신을 어떻게 사용하실 것인지를 몰랐습니다. 그리고 그는 꿈에 대한 생각도 하지 않았습니다. 아니 할 형편이 못되었습니다. 언제 출옥할지 모르는 기약 없는 무기수 인생이었습니다. 그런데 자신이 총리가 되고나서 돌아보니 모든 것이 하나님의 계획이었다는 것을 알 수 있었고 22년 전 자신이 꾼 두 꿈이 무엇인지도 알게 되었습니다. 그래서 그는 형들에게 형들이 나를 노예로 팔았다고 해서 내가 형들에게 보복할 것이라는 걱정은 하지 마십시오. 하나님이 생명을 구원하시려고 나를 형님들보다 먼저 이곳 애굽으로 보내셨습니다.(창45:5)라고 말했습니다.

창세기42장-45장은 요셉이 형들을 시험하는 모습이 나옵니다. 요셉을 팔아버린 것에 대한 형들의 반성, 베냐민을 대신해서 노예가 되기를 청하는 유다의 모습, 그리고 베냐민마저 돌아가지 못했을 때 늙은 아버지 야곱이 당할 슬픔을 생각하는 형들의 진정한 뉘우침을 볼 수 있습니다.

✚ 출애굽을 준비한 요셉

요셉은 자기 가족이 애굽으로 내려오기전 이미 자기 가족을 위하여 고센 땅을 준비하였습니다(창45:10). 이는 이미 그가 창세기15장의 횃불 언약에 대한 정확한 이해가 있었음을 나타내 주는 중요한 근거입니다. 요셉은 횃불언약을 어떻게 알았을까요? 창세기37장 1절에 "야곱이 가나안 땅 곧 그 아버지가 거류하던 땅에 거주하였으니"라고 기록하고 있습니다. 야곱의 가족이 디나 사건 이후 벧엘로 올라갔다가 가나안 땅 헤브론에 이삭과 함께 거주(창37:14)했습니다. 그때 요셉의 나이가 17세였고 야곱의 나이가 108세, 이삭의 나이가 168세 정도였습니다. 이때 요셉의 형들은 목축을 했고, 요셉은 아버지 야곱과 함께 채색 옷을 입고 장막에 거주한 것을 볼 수 있습니다. 이때 요셉은 30여 년 전에 시력을 잃은 할아버지 이삭과 함께 지내며 이삭으로부터 증조부 아브라함의 이야기도, 횃불언약에 관한 이야기도, 여호와 이레에 대한 이야기도, 할아버지 이삭의 이야기도, 아버지 야곱의 이야기도 들었을 것입니다. 그래서 그는 목축업을 하는 자기 가족들이 애굽으로 내려왔을 때 어디가 좋은지 생각했을 것이고 목축에 가장 적합한 고센 땅을 준비했고 아버지와 가족들이 내려오자 파라오의 허락을 받아 고센 땅에 머물게 합니다. 이때 야곱의 나이가130세였고(창47:9), 요셉은 39세였습니다.

흉년이 더욱 심해지자 곡식으로 토지를 산후 이주정책(창47:20-21)을 실시합니다. 고센 땅에 살던 많은 애굽 사람들도 다른 지역으로 이주하게 되었을 것입니다. 재앙이 이스라엘 백성들이 사는 고센지역에는 임하지 않았다(참고, 출8:22; 9:6; 10:26; 10:23)는 기록이 이를 뒷받침해 주고 있습니다. 이스라엘 백성이 고센 지역에 함께 살므로 민족의 정체성을 쉽게 지킬 수 있고, 출애굽시 출애굽이 용이한 장점이 있습니다. 요셉은 고센 땅에 이스라엘 백성을 집단 거주하게 하므로 야곱가족의 애굽 이주와 동시에 출애굽을 위한 준비를 마쳤습니다. 이는 요셉이 횃불언약에 대한 정확한 이해가 있었고 이스라엘 백성들이 때가 차면 출애굽 할 것을 확실히 알고 있었다는 증거입니다.

*횃불언약 제1조의 성취

야곱의 애굽 이주(창46장)를 통해서 드디어 "네 자손이 이방에서 객이 되어"라는 횃불 언약의 제1조의 말씀이 성취됩니다. 애굽으로 내려가기를 두려워하는 야곱에게 하나님은 야곱의 가족을 애굽으로 내려가게 하시는 이유에 대해서 말씀하시고 계십니다. 애굽은 나일강으로 인해 조성된 비옥한 토지에 기반을 둔 농경사회였고 가나안은 유목사회였습니다. 하나님께서는 식량이 풍부한 애굽에서 이스라엘을 안전하게 큰 민족을 이루게 하셨습니다.(창

46:3) 모세가 출생했을 때 이스라엘 백성이 애굽에 거주한지 350년쯤이었고 이스라엘은 이미 애굽의 위협이 될 정도의 큰 민족으로 성장했습니다.(출1:7-16)

✚ 출애굽 예언

야곱이 애굽에 거주한지 17년 만인 147세에 하나님 나라로 갑니다.(창47:28) 그런데 재미있는 것은 기록자 모세는 야곱의 애굽 생활에는 거의 관심을 가지고 있지 않습니다. 야곱의 애굽생활 17년 가운데 성경에 기록된 일은 애굽에 내려가서 파라오를 만나 축복한 일과 요셉의 두 아들을 축복한 일 그리고 열두 아들에게 한 유언(자신을 막벨라 굴에 장사해달라는 유언 포함)이 전부입니다. 이는 창세기가 특정 인물의 전기가 아니라 어떠한 목적을 가지고 기록된 책임을 말해주는 증거입니다.

이스라엘이 죽기 전 요셉에게 "나는 죽으나 하나님이 너희와 함께 계시서 너희를 인도하여 너희 조상의 땅으로 돌아가게 하시려니와, 내가 네게 네 형제보다 세겜 땅을 더

주었나니 이는 내가 내 칼과 활로 아모리 족속의 손에서 빼앗은 것" (창48:21-22) 이라고 말했습니다. 이 약속은 횃불언약에 근거한 예언이기도 합니다. 때가되면 너희가 하는 것이 아니라 하나님께서 너희를 언약의 땅으로 들어가게 하실 것이라고 말하고 있습니다. 또 과거형의 화법으로 이미 미래의 일을 말하므로 그것이 아주 확실한 것이라고 선언하고 있습니다. 또 전쟁의 방법으로 가나안 땅을 획득하게 될 것이라는 사실을 예언하고 있습니다. 이는 횃불언약에 근거한 약속입니다.(참고, 창15:13-14). 아직 아모리 족속의 죄악이 아직 가득차지 않음이라는 말씀 속에서 아모리 족속의 죄악이 가득차면 이스라엘 백성이 하나님의 군대가 되어 그들을 징벌하고 그 땅을 점령하여 아모리 족속을 대신하여 가나안 땅을 다스리게 될 것을 말씀하시고 계십니다.

오직 땅에 것에만 관심을 가졌고 자기의 머리만 믿고 살아온 야곱이 하나님 나라가 가까웠을 때 "나의 출생으로부터 지금까지 나를 기르신 하나님, 나를 모든 환난에서 건지신 여호와의 사자께서(창48:15-16)"라는 신앙 고백을 합니다. 야곱은 자신의 머리를 믿고 이성적 판단만 믿고 살아왔다고 생각했으나 인생의 마지막에 자신의 삶을 돌아보았을 때 자신의 모든 삶이 하나님의 계획 아래 있었음을 인정하는 고백이라 할 수 있겠습니다.

야곱의 신앙고백을 읽었던 제1독자인 애굽에서 노예생활을 하고 있는 이스라엘 백성들은 무엇을 느꼈을까요? 기록자 모세는 이 이야기를 통해서 무엇을 그들에게 전달하고자 했을까요?

파라오의 핍박으로 인하여 출애굽을 포기한 이스라엘 백성들에게 얇팍한 자신의 머리를 믿지 말고 전능하신 하나님을 의지하여 출애굽하고 가나안 땅을 점령하라는 메시지를 던지고 있습니다.

창세기49장은 야곱의 마지막으로 남긴 유언 형식의 예언입니다. 창세기12장 이후 주요 관심사가 후손과 땅에 대한 약속인데 49장에서는 후일에 대한 예언 특히 구속사에서 중요한 예언이 나옵니다. 이 부분은 기록 목적의 관점에서 이해하기 어려운 부분이며, 구속사적 관점에서만 이해가 가능한 부분입니다. 야곱은 여자의 후손이 유다 지파를 통해서 오실 것을 예언하고 있습니다.(창49:8-10)

요셉은 13년간의 고난 통해서 애굽의 총리가 된 이후 요셉은 하나님께서 하나님 자신의 언약을 이루시기 위하여 자신을 사용하신 것(창50:19)을 알았습니다. 17세의 청소년 시기에 꾼 꿈이 자신의 성공을 위한 것이 아니라 하나님의 언약의 성취를 위한 것이라는 것을 알았습니다. 그는 철저한 청지기 의식을 가진 사람이라는 것을 알 수 있습니다. 민족의 영웅인 요셉은 하나님의 언약인 횃불언약(창15장)이 성취될 것을 확신하며, 출애굽 할 때 자신의 해골(미라)을 가나안 땅으로 가지고 올라갈 것을 부탁했습니다. 그의 유언에 따라 이스라엘 백성들이 애굽을 떠날 때 요셉의 해골(미라)을 가지고(출13:19) 애굽을 떠납니다. 가나안 정복 후 세겜 땅 곧 그 아버지 야곱이 하몰에게 돈을 주고 산 땅에 요셉의 뼈 매장합니다. (수24:32)

창세기는 요셉의 유언으로 결말을 맺고 있습니다. 그 유언이 내용은 하나님께서 우리 조상에게 맹세하신 땅으로 당신들을 이르게 할 것이고, 하나님이 반드시 당신들을 돌보시리니 출애굽 할 때 반드시 내 해골(미라)을 가지고 떠나라는 맹약이었습니다.

창세기는 왜 요셉의 유언으로 결말을 맺고 있을까요?

나가면서

모세가 처음 이스라엘의 장로들에게 출애굽을 이야기하고, 백성 앞에서 기적을 행했을 때 이스라엘 백성들은 믿었고 여호와 하나님께서 그들의 고난을 살피셨다는 말씀을 듣고 머리 숙여 경배(출4:29-31)했습니다. 그러나 그들은 파라오의 핍박이 있자 좌절하며, 출애굽을 포기했습니다. 이스라엘을 출애굽 시켜야하는 모세는 이러한 사람들에게 횃불언약(창15장)에 근거한 출애굽의 정당성과 당위성을 설명할 필요가 있었습니다. 그래서 모세는 창세기를 통해서 출애굽의 당위성을 설명하고 또 우리를 출애굽시키실 하나님이 어떤 분이신지를 소개하고 있습니다.

첫째, 전능하신 창조주 하나님입니다. 전능하신 창조주 하나님은 말씀으로 우주를 창조하시고 또 자신의 형상을 닮은 인간을 창조하셔서 하나님을 대신해서 우주만물을 다스리게 하셨습니다. 창조의 기사를 통해서 하나님과 인간사이의 관계를 설명하고 있습니다. 곧 하나님은 창조주(주인)이시고 세상의 모든 인간은 청지기(노예)임을 말씀하고 있습니다. 가나안 땅도, 애굽 땅도 모두 다 하나님의 것이며 인간은 잠시 관리하고 있는 관리자일 뿐이라는 사실입니다. 원소유주이신 창조주 하나님은 그의 주권으로 관리자를 마음대로 바꾸실 수 있습니다.

둘째 전능하신 심판주 하나님이십니다. 이스라엘 역사 이전의 4대 사건에서 하나님은 여전히 심판주셨고 인간은 여전히 피(被)심판자였습니다. 하나님이 되고자 선악과를 먹은 아담과 여자를 심판하시고, 그들에게 구원의 길을 열어 주신 하나님이십니다. 또 아벨을 살인한 가인을 심판하시고 그에게 피살을 면하는 표를 주신 분도 하나님이십니다. 자기중심적인 관점으로 살아간 세대를 홍수로 심판하신 하나님, 또 무지개 언약을 믿지 못해 바벨탑을 쌓은 인간들을 심판하시는 심판주이신 하나님이십니다.

횃불언약에 따라 이스라엘 백성들을 괴롭히는 애굽의 파라오를 능히 징벌하시고 이스라엘 백성을 출애굽시키실 하나님이십니다.

셋째 전능하신 하나님이십니다. '무'라는 개념도 없는 상태에서 말씀으로 우주만물을 창조하신 하나님, 흙으로 자신의 형상을 닮은 인간을 만드신 하나님, 홍수로 심판하실 것을 예고하시고, 그 예고에 따라 홍수로 지구를 심판하신 하나님, 밤이 어두울 때 불을 내려 제물을 태우신 하나님, 월경이 없는 할머니 사라에게 내년 이맘때 아들을 낳을 것이라 예고하시고, 그 예고에 따라 이삭을 낳게 하신 하나님, 소돔의 멸망을 예고하시고, 유황불을 비처럼 내리게해서 소돔을 멸망시키신 하나님, 인간이 할수 없는 일을 능히 하실 수 있는 이런 전능하신 하나님을 창세기는 끊임없이 말씀하시고 계십니다. 현재의 이스라엘의 능력과 이성으로는 출애굽이 도저히 불가능해 보이지만 전능하신 하나님은 능히 이스라엘을 출애굽 시키실 수 있으신 분이십니다.

넷째 전능하신 보호자 하나님입니다. 아브람을 애굽에서 지켜주셨고, 가나안의 왕들로부터 지켜주셨고, 아비멜렉으로부터 지켜 보호해주신 하나님, 이삭을 그랄왕 아비멜렉으로부터 지켜 보호해주셨던 하나님, 벧엘에서 야곱에게 보호해 주실 것을 약속하시고, 야곱을 라반으로부터, 형 에서로부터, 세겜 성 주위의 가나안 백성들로부터도 지켜 보호해 주신 하나님이십니다. 하나님께서 이들을 지켜 보호해 주셨던 것은 족장들의 삶이 선해서가 아니라 하나님 자신의 약속을 지키지 위해서였습니다. 3대 족장을 지켜 보호해 주셨던 하나님은, 언약의 후손들인 이스라엘 백성이 출애굽 할 때 그리고 가나안을 점령할 때, 어떤 어려움이 있더라도 그들을 지켜주시고 보호해 주실수 있는 분이십니다.

다섯째, 언약에 신실하신 하나님이십니다. 창세기 전체를 통해서 하나님은 자신이 하신 언약은 꼭 지키시고 이루신다는 사실을 말씀하시고 계십니다. 피언약자의 상황이 어떠하든지 하나님은 하나님 자신을 위하여 아브라함과 이삭과 야곱에게 한 언약을 지키셨고, 언약의 당사자들을 믿음의 사람으로 만들어 가시는 하나님이십니다. 이러한 하나님께서 이스라엘의 조상이신 아브람과 횃불언약을 맺으시면서 "너는 반드시 알라" 고 말씀하셨습니다. 이는 아브람에게 하신 말씀이시기도 하지만 하나님 자신에 대한 확실한 다짐이기도 했습니다. 이 횃불언약의 제1조는 200여년이 지나 성취되었습니다. 그리고 4대만에 출애굽해서 가나안으로 돌아올 것도 언약하셨습니다. 하나님의 언약은 반드시 지켜십니다. 언약에 신실하신 하나님이십니다.

하나님은 창세기를 통해서 이스라엘 백성들에게 하나님의 언약을 믿고 신뢰 할것을 촉구하시고 계십니다.

거시적 관점인 기록 목적의 관점에서 성경을 읽고 연구하는 방법을 발전시켜 하나님께서 기록자를 통해서 제1독자에게 전달하고자 했던 그 원의미(原意味)를 찾기 위해 끊임없이 노력하고 그 찾은 것을 우리의 신앙과 삶에 적용시켜 성숙한 그리스도인으로 자라가야 할 것입니다. 이 노력은 천국에 가는 그날까지 예수님께서 재림하는 그날까지 지속되어야 할 그리스도인의 영원한 과제입니다.